ドラレコ
安全教育
ハンドブック

著 者

東京海上日動リスクコンサルティング株式会社　主席研究員

北村　憲康

企業開発センター　交通問題研究室

はじめに

　ドライブレコーダ（以下ドラレコ）は急速に普及している。「急速に普及」をしたのは2017年以降と考えられる。これは軽井沢スキーバス転落事故（2016年１月15日）、あおり運転による東名高速夫婦死亡事故（2017年６月５日）など社会的に大きな影響を与えた交通事故をきっかけとしている。軽井沢事故の後には貸し切りバスに対するドラレコの設置が義務づけられるようになり、東名高速事故後にはあおり運転対策としてのドラレコが注目されるようになった。企業ではタクシー、バスの旅客を中心に普及が進み、あおり運転対策では、これまで導入が限定的だった個人にも普及した。

　ドラレコの活用は当初から事故の記録が主目的だった。これは事故時の状況確認を客観的かつ正確に行うためであり、とくに当時から交通事故の対応に多くの時間を割いていたタクシー、バス業界には普及した。個人の普及では、その導入目的の多くはあおり運転から事故に至るまでのいわゆるトラブル記録といえる。このように、ドラレコは事故やトラブルを記録する機器として社会に認知され、活用は専ら事故やトラブル後の対応に向けられた。さらに、わかりやすく言えば、事故やトラブル後に被害者側が「泣き寝入りしないため」の武器として普及をしてきたと考えられる。

　事故やトラブルの記録というのは、ドライバーにとっては諸刃の剣でもある。事故やトラブル時に自身が被害者側であればドラレコにより救われるかもしれないが、加害者側であればドラレコにより追い込まれるかもしれない。ドラレコの開発当初、旅客を中心とする特定の法人マーケットには普及をするものの、とりわけ個人には限定的であったのは、潜在的に、この諸刃の剣を意識したからかもしれない。いち早く普及した旅客であっても、実際にハンドルを握るドライバーが導入を希望したというよりは、ドライバーを監督する経営層からのニーズであったことが多かった。ところがあおり運転のリスクが顕在化するようになると、法人も個人も、自分を守るための自衛手段の必要性を高く感じるようになり、いつのまにか諸刃の剣の怖さはかき消されていったのだろう。

　このように、ドライバーは被害者としてのリスクには、比較的敏感に察知し、備えをしようとする傾向があるが、自身が加害者としてのリスクがあることにはあまり敏感とは言えない。あおり運転を起こすドライバーには原則として偶然はなく、必然しかない。なぜならばドライバー自らがあおり行為をしなければ起こりえないからである。したがって、ほとんどのドライバーは自身を被害者の立場に置くことしかしない。一方で、事故については自身が加害者になるかも知れないというリスクがあらゆるドライバーにある。しかし、これに対する具体的な備えをしているドライバーはむしろ少ない。それは「自ら事故を起こすことはない」という過信や、「これまで事故を起こさなかったから」とい

3

う実績から事故防止への備えの必要性を感じているドライバーが少ないからである。しかし、ドラレコの活用により、事故やトラブルの状況確認がデジタル化され、わかりやすく正確になるのであれば、事故防止に対しても同じことが言えるのである。つまり、ドラレコ活用により事故防止のための安全教育もデジタル化し、進化することができるのである。

　ドラレコを導入し、日常で安全教育に活用している企業は少なくない。その内容でもっとも多いのは、事故や危険映像の当事者へのフィードバック及び企業内または組織内での共有であり、映像の共有を関係者で行うというものだ。これ自体は安全教育上でも重要である。しかし、デジタル化された映像データや運転データなどの豊富なデータをさらに活用することにより、映像の共有に留まることなく、リスクに対する必要な対策への強化につなげることができる。

　たとえば企業であれば安全教育のための内容は、事故が起きやすい交通環境、事故につながるミスやエラーの傾向、事故防止に必要な安全運転のための課題、さらには課題に対するドライバーの実践状況や安全運転への到達度のチェックに至るまでをドラレコの活用により整備することができる。しかし、ここまでをカバーし、ドラレコを活用している企業は稀である。その理由はドラレコデータの整理や分析、教育内容の作成や教育の実施にノウハウが必要なことが挙げられる。さらには、ノウハウに基づき実践するためには手間と時間もかかることも理由として考えられる。本書の目的は、主に企業向けにドラレコを活用した安全教育のノウハウを示すものである。実施のための考え方から方法までを整理しているので、ドラレコを活用した安全教育のノウハウを短時間で吸収することができる。一方で、ノウハウに基づき実践するための手間と時間は一定程度かかることは覚悟しなければならないだろう。

　筆者はこれまで多くのドラレコ導入企業を見てきており、その具体的な取り組み内容を数多く取材した。その一部は月刊自動車管理（企業開発センター発行）のなかの「企業のドラレコ活用最前線（2018年4月から現在も継続中）」という連載内容で紹介している。連載ではドラレコを活用した安全教育の取り組みが進んでいる企業を中心に紹介し、活動内容から実施のための考え方と方法までを扱っている。本書の読者に限り、その内容をダウンロードできるようにした（巻末付録参照）。本書の内容でも、これまでの多くの企業への取材を通じて得た、効果的なドラレコ安全教育のエッセンスを盛り込んでいる。

　一方でドラレコは導入したものの、事故時の確認以外は安全教育も含めてほとんど活用していないという企業がある。実際にはドラレコ導入企業の多くがこの状況であると考えてよいだろう。まず、これらの企業については、ここまで述べたように、自身が事故の加害者になるリスクへの具体的な備えを行う必

要性と、ドラレコを活用することで、これまでの安全教育をより進化させることができることを理解し、そのうえで、本書にあるドラレコ安全教育の具体的なノウハウを少しでも実践に移していただきたい。一方、ドラレコを活用した安全教育をすでに実践している企業もあるだろう。この場合は、自社の安全教育が事後の当事者教育に留まり、全体教育が十分にできていないとか、あるいは全体教育でも企業リスクを十分に分析した予防型の内容になっていないなどを見直していただき、それらに課題がある場合は、本書の内容から課題を把握し、改善に活用できるノウハウを少しでも実践に移していただきたい。

2020年2月

北村　憲康

　本書の構成は大きく３つに分かれている。第１章〜第３章までがドラレコを含めた安全教育を実践するための理論編、第４章〜第６章までがドラレコを活用した安全教育の実践編、そして巻末の付録である。概要と活用法を章ごとに下記のように整理したので、本書の理解と活用を深めるために予め確認していただきたい。まず、本書の内容の大半は、筆者がこれまで手掛けた企業向け安全対策に関するコンサルティングにより得た知見である。内容は科学的な理論化を目指したものではなく、企業がドラレコ安全教育を行う際のよきパートナーとして活用してもらうことを重視している。したがって、本書の理論編でも学術的な理論というよりは、安全教育を実践するための考え方のように示しており、実践編では、ドラレコ安全教育を行う手順に従い構成している。また、各章に共通している注意点が２つある。１つは、「コンサルティングの現場から　安全教育の論点」というコラムである。第１章から第６章までに18点を入れている。これらはドラレコ安全教育に限らず、企業の安全教育を実践するための重要なテーマとして捉え、それらに対するあるべき考え方や対策をまとめている。最初にコラムだけを追って安全教育の重要なポイントを理解するのもよいだろう。もう１つは、データの取扱いである。内容では事故やドラレコのデータを事例などで示している。本来はデータの出典を詳細に示す必要があるが、データの多くは筆者がこれまでコンサルティング活動で関与した個別企業、あるいは個別企業を複数集めたものであるため、詳細なデータ元を示すことができない。したがって、各データは企業の傾向や特徴を示す大まかな目安として活用していることを了承していただきたい。

理論編
　第１章から第３章までとなり、各章は以下のような概要と活用を想定している。

【第１章】安全教育とは何か
＜概要＞
　企業が安全教育を行うために必要なリスクの想定と対応の方法について基本的な考え方を整理した。そのうえで、企業の安全教育上の課題とそれらの課題をドラレコによりどのように対応するかをまとめた。
＜活用方法＞
・安全教育を行うための基本的な考え方を確認する。
・内容で掲げた安全教育上の課題を確認し、自社の現状と比較する。
・安全教育上の課題とドラレコ活用の可能性を確認する。

【第２章】ドラレコ活用の課題
＜概要＞
　企業のドラレコ安全教育に絞り、ドラレコ安全教育の課題を整理した。課題は

ドラレコ機器上のものと活用する企業側のものに分けた。さらに、教育を行う上で重要なドラレコデータによる安全運転評価の現状と課題にも言及した。

＜活用方法＞

・ドラレコ安全教育の現状と自社を比較する。

・ドラレコ安全教育の課題を確認し、自社の現状と比較する。

・ドラレコデータによる安全運転評価についての課題と、本質的な安全運転評価の在り方を理解する。

【第3章】ドラレコ安全教育の概要

＜概要＞

　ドラレコ安全教育を行う上でのモデルを示した。具体的にはデータベースと3つの教育の概要である。ドラレコデータを危険別に蓄積し、事故防止のための安全教育をどのように行うかをモデルにして示した。

＜活用方法＞

・ドラレコ安全教育に必要な内容を全体像で理解する。

・データベースの必要性を理解し、自社のデータ保存の現状を確認する。

・3つの教育の概要を理解し、それぞれの教育の概要とそれらの機能的な結びつきの重要性を確認する。併せて、自社の安全教育の現状でカバーされている教育内容、カバーされておらず課題のある内容を確認する。

実践編

　第4章から第6章までとなり、各章は以下のような概要と活用を想定している。

【第4章】ドラレコ安全教育の準備

＜概要＞

　ドラレコ安全教育を行うための準備を整理した。具体的にはドラレコデータの収集と分類である。収集は網羅性に拘らず、企業リスクを把握できる範囲を特定し、収集方法までをカバーし、分類ではデータを危険別に整理し、重要リスクを選定する考え方と方法までをまとめた。

＜活用方法＞

・企業リスクを反映させた企業内安全教育を行うことの必要性を理解する。

・上記のために必要なデータ収集の方法を理解し、自社のデータ収集の現状と比較する。

・データ分類は危険別に行うが、その方法を理解し、自社のデータ分類の現状と比較する。

・データ分類から、企業における重要リスクを選定する方法までを理解し、自社のリスクの現状を試行的に確認してみる。

【第5章】ドラレコ安全教育の方法

＜概要＞

　企業の安全教育は、企業リスクを反映し重要な危険別に教育し、継続的に強化を図るものとして、重要リスクの教育方法を詳しく解説した。3つの教育のうち、主にフィルター教育に当たる内容となり、交通環境別に安全教育を行う際の管理者側のマニュアルにも活用できるようにした。

＜活用方法＞

・教育が必要な重要な交通環境別に内容を整理しており、対象は教育を行う管理者を想定している。これを踏まえ、教育を行う管理者が交通環境別の事故につながるリスクを理解すること。内容量が多いので、一気に読み進めるよりは、交通環境のテーマごとに時間をおいて読むことを推奨する。

・一読後、交通環境ごとの重要リスクを教育する際には、管理者側の教育マニュアルとして活用する。（内容は主に交通環境別のフィルター教育用となるが、その他の安全習慣教育、添乗教育を行う際も、フィルター教育用の内容がベースとなるので、本章の内容を習得することで教育ができるようにしてある）

・内容で使用した交通環境を示す俯瞰図はダウンロードできるので、教育時には配布用に活用する。

【第6章】ドラレコ安全教育の進め方と事例

＜概要＞

　進め方では、体制、対象、頻度、時間、報告、フォロー、改善の7項目の基本的な考え方を整理した。事例ではドラレコ安全教育の内容が質的に優れている企業の内容を集めてまとめた。

＜活用方法＞

・進め方7項目は基本的な考え方を示しているので、実践のガイドラインと考えて、自社の状況と比較する。

・実践にあたっては、自社の状況も鑑み、無理のない内容に変更してもよい。

・事例は巻末付録を含め、ひと通り内容を確認し、自社でも取組みができる内容を自社の安全教育に取り入れる。

【巻末付録】

　巻末付録には、読者の企業におけるドラレコ安全教育の便宜を図るため、第5章で使用している俯瞰図1〜13のインデックスと「月刊自動車管理」に連載した「企業のドラレコ最前線」の2017年4月〜2020年2月までを理論編と事例編に分けたインデックスを掲載し、ダウンロードの方法を説明している。ぜひご活用いただきたい。

第1章

安全教育とは何か

　安全教育の内容はテーマ、対象、内容により無数に考えられる。ここで扱う内容は、テーマを交通安全、対象を企業内のドライバー、内容を事故防止とすることを中心とした。内容を事故防止とするためには、どのようなリスクを想定するかと、想定したリスクに何を防止策とするかの２つを決める必要がある。前者をリスクの幅、後者をリスクへの対応として、次項で内容を解説し合わせて課題も述べる。

■1 リスクの幅

（1）範囲の特定

　交通安全をテーマとして教育を行う場合、たとえば、工場内の労災事故などと異なることは教育の範囲を特定しにくいことである。この場合の範囲は想定しうるリスクのことである。工場内の労災事故であれば、リスクの想定は工場内で発生しうるリスクに絞ることができる。しかし、交通事故の場合、社用車を運転するドライバーのすべてのリスクを想定することは実際には不可能である。これが企業の安全教育を骨抜きにしやすい要因とも言える。たとえば、学生に試験を行う際、そのための試験範囲を示すことで、学生は準備しやすくなる。範囲を特定できるからである。仮に、実際の試験で試験範囲を設定せずに実施をすれば、まじめにすべての準備をしようとする学生もいるだろうが、むしろ多くの学生は、まず、すべての準備をするのは難しいと思うだろう。次に、すべての範囲の準備をすることを諦めて、学生自身でどこかにヤマを張ることもあるだろう。この場合、ヤマを張ることは重要なことを洗い出して行うことはよいが、勘やフィーリングで行うことも多く、後者は奨励できない。さらにはヤマが外れたら意味がないと思い、試験への準備の意欲そのものを減退させてしまうこともあるだろう。この点、交通安全に関する安全教育も、教育する側、教育される側の双方が、範囲のない試験に向かうような心境になりやすいものである。

　交通安全のための安全教育では、リスクの幅を次の３つに想定するとよいだろう。それぞれは１年間など一定期間分を集計したものを想定する。

１．自社のドライバーが起こした事故
２．自社のドライバーが体験した危険（ヒヤリハット情報）

３．自社のドライバーが気づいた危険（気づき情報）

　上記では、まず、ドライバーが起こした事故はもっとも重要な情報として位置づける必要がある。ただし、事故は偶然性もあり、事故情報だけで自社のリスクを想定するのは不足していると考えたほうがよい。事故には至らない、状況によっては事故になっていた危険は、日常でかなり多くあると考えることが妥当である。したがって、ヒヤリハット情報や気づき情報は必要である。ヒヤリハット情報では、実際に自社のドライバーが体験したものであり、気づき情報は大きく２つある。１つは、自ら事故やヒヤリハットにも遭わなかったものの周囲の他車（者）が事故やヒヤリハットになっているものである。たとえば、自車の直前車両と自転車との接触などである。もう１つは、やはり自ら事故やヒヤリハットにも遭わなかったものの、自らに不安全行動があったものである。停止中に携帯電話を使ってメールしていて、信号が変わり、発進した直後もメールをやめられなかったなどである。このように、実際の事故とヒヤリハット、気づき情報を含めて自社のリスクを想定することが望ましい。さらに、ドラレコの活用により、事故やヒヤリハットの映像はもちろん、気づき情報までも映像により収集することが可能となり、自社のリスクの想定を客観的、かつ、わかりやすくすることができる。

（２）陥りやすい３つのパターン

　リスクの想定が難しい交通安全に関する教育は、実際には具体的なリスクへの対応策を中心に行うことよりも、以下の３つのパターンのいずれか、その複合で行われることが多い。

① ワンイシュー型のスローガン

　たとえば、「速度遵守」や「適正な車間距離の維持」など、ワンイシューのみをスローガンとして、特定期間に強化運動を行うことがある。ワンイシューの内容そのものは、それぞれ重要なものだが、それを根づかせ、強化する方法に具体的な内容がなければ、検証を行いながら日常的に継続させることは難しい。

② 事故時の責任の重大さ

　教育内容には事故の原因や防止策の内容は比較的少なく、事故後に問われるドライバーの責任や社会的な制裁の内容を徹底し、ドライバーに漠然とした慎重な姿勢を求めるものである。事故時の責任は知ら

なければならないが、事故の防止策についても合わせて具体的に徹底する必要があるだろう。これは事故防止を主旨とする安全教育というよりは、漠然とした事故抑止教育と考えられる。

③ 発生した事故の共有

事故後に自社のドライバーが起こした事故を振り返り、主に同種の事故の再発防止を呼び掛けるものである。扱う事故は事故後に初めて分かるもので、その事故の頻度や重度の意味づけについて明確でないことも多く、事故情報だけが共有されることが多い。このように、意味づけがされていない事故情報は、受け手のドライバーによりそれぞれの事故の重要さの受け止め方に差が出やすい。扱う事故は自社内で、さらには社会的に、どのように重みづけされ、意味づけされるかを企業内で意思統一する必要があるだろう。

（3）パッチワークの安全教育

リスクを絞りにくく、教育の範囲を特定できないことから、企業で行う安全教育が想定したリスクへの防止策の徹底になりにくい。内容としては前項で述べたように、ワンイシュー型のスローガン（特定期間の安全活動）、事故時の責任など（事故抑止教育）、発生した事故の共有（情報共有）の3つのいずれか、あるいはそれらの複合になりやすい。これらの教育自体は決して不要なものではないが、リスクを想定した防止策の徹底という点では十分ではない。企業で行う安全教育では、リスク想定と防止策の徹底を中心に日常教育を展開し、そのなかで特定期間に特定のテーマを掘り下げたり、事故時の責任を確認したり、発生した事故については都度共有するということが望ましいだろう。この望ましい安全教育の状況から見ると、実際によく行われている企業の安全教育は、中心が抜けたパッチワークのような安全教育の状況と言えるだろう。

2 リスクへの対応

（1）対応の現状

① 危険予知トレーニング

走行中の事故につながる危険をなるべく早く見つけ、危険回避も早く行うためのトレーニングとして知られている。ソフト化され、ＰＣ上で行うものや、ドライビングシミュレータを使って行うものもある。ドラレコの動画映像や静止画のイラストや写真を使って、企業現場で危険の所在や対応を指導するトレーニングもこれに含めてよいだろう。

② 教習所での実車トレーニング

２時間以上から１日程度の時間をかけて、社外の教習所へドライバーを派遣し、実車によりドライバーの運転ぶりから課題を見つけ、課題克服のためのトレーニングを行うものである。課題を見つけるまでの運転チェックに留まることもある。

③ 安全運転講習会

社内の管理者あるいは警察、損保会社・リース会社など外部機関の支援により行うこともある。内容は危険予知トレーニングを含んだものから、事故時の責任に至るまで幅広くあるが、単発で1回きりで完結することが多い。

④ 運転適性検査

心理面、運転技能面それぞれ、あるいは双方をカバーした適性検査である。これによりドライバー個人に潜在している運転上のリスクを評価し、課題を指摘し、それに対してドライバーの意識を強化させるものである。

⑤ 事故・ヒヤリハット情報の共有

事故の情報をその都度共有することに留まることが多いが、なかには事故の傾向やヒヤリハット情報を社内で募り、その傾向をフィードバックしていることもある。詳細に事故につながる要素を分析しているものもあるが、事故多発マップ、ヒヤリハット地点などの地図上での地点把握に留まることが多い。

（2）対応の問題点

前項に挙げたリスク対応は想定したリスクに対応している必要があ

る。しかし、実際には想定したリスクはとくになく、一般的に必要なことを全員に実施するということが多い。これは企業内で起きている事故や危険などのリスク情報が十分に分析されていないため、リスクの幅を一般的なものにして、上記に掲げた汎用型の教育プログラムを採用しやすくなる。これ自体は有効なものだが、企業内の安全教育の中心に据えるべきものではないだろう。企業固有のリスクを想定し、それに対応する防止策の徹底を中心にすることが重要である。

■3 属性別教育

　リスクの想定が難しいことから、リスク対応が不十分なままパッチワーク型になる、あるいは汎用のリスク対応教育プログラムを行いやすいことを述べた。しかし、企業の取組みのなかでは、明確にリスクを特定している場合もある。属性別教育と呼ばれるもので、新入社員、事故惹起者が代表的である。これは新入社員が事故を起こしやすいからであり、事故惹起者はさらに事故を再発させないためである。こうした属性に対しては、汎用の対応を短期間に集中的に行うことが多い。たとえば、新入社員に対して、配属前の半日程度、教習所での実車トレーニングを行うなどである。このような教育により事故防止ができている企業もあるが、実際にはあまり事故が減っていないことも少なくない。これは企業が設定したハイリスク層の設定自体は間違いではないものの、設定した属性はもともと事故を起こしやすいリスクを持っているので、汎用型の短時間の教育では効果が出にくいことが要因と考えられる。汎用型の短時間の教育は、ドライバーの改善のきっかけを与えることはできても、その後の安全運転を完成させるまでには至らないことが多く、企業側では、さらに教育を継続しなければならないと考える必要があるだろう。この意味で、属性別教育を安全教育の中心として実施している企業の多くは、教育の適用と限界をやや見誤っている可能性がある。

■4 安全教育の課題

（1）企業の現状

　企業の安全教育はあまりリスクの想定と特定をしないまま、3つの

図1-1　企業の交通安全教育の現状

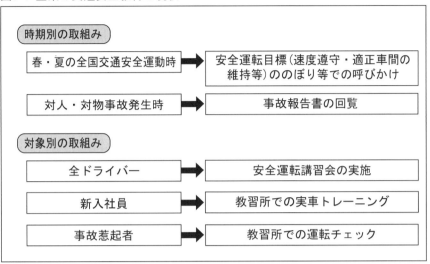

パッチワーク教育を全体に行い、リスクを属性で絞り、そこには汎用型の教育プログラムを当てはめていることが多い。もう少し具体的に示すと図1-1のようになる。

　図1-1のように、全体向けには春・夏の全国交通安全運動に合わせ、追突事故防止の為の速度遵守・適正車間の維持を全ドライバーへチラシやポスターで呼びかけ、車両単独事故以外の対人・対物事故発生時は、全社へ事故状況を示した報告書を回覧する。さらに、年に1回、全ドライバーを対象に損保会社から講師を派遣してもらい、安全運転講習会を実施し、とくに事故時の責任や改正された道路交通法の内容などを徹底する。全体向けだけではなく、属性別教育も取り入れ、新入社員向けに配属前の2時間程度、教習所での実車トレーニングを行い、事故惹起者には、同じく教習所での運転チェックを行い、その後に注意すべき運転内容をフィードバックしている。

　上記には前提を述べる必要がある。それは企業の安全教育でよくある例というよりは、取組みをよくやっている企業によくある例だということである。こうした企業では事故が少ない状況を維持している場合もあるが、そうではない企業も少なくない。また、ここまで取組みをしていない企業でも、図1-1で示したなかの一部を実施している企業も多い。

（2）安全教育の課題

　前項の現状を踏まえて課題を整理すると、次の5つになる。
① リスクの想定が十分ではない。
　企業の「安全教育」は、当該企業のリスクをよく分析して、それに応じた内容を中心とすべきである。図1-1では、教育内容を汎用型プログラムにしていることが多い。また、ワンイシュー型、事故の重大さの徹底は重要だが、これらは企業リスクの対策以前の前提的な内容であり、そもそも中心的な内容とはならない。
② 自社リスクの傾向やポイントを正確に掴んでいない。
　発生した事故の共有は必要だが、同時にそれぞれの事故の意味づけも必要である。とくに企業のこれまでの事故のなかで、その頻度と重度は整理され、自社リスクの傾向などを意識させる必要がある。
③ 全ドライバーが目指すべき安全運転が具体化されていない。
　図1-1のなかだと、目指すべき運転を具体化しているのは、ワンイシュー型の速度厳守と車間距離の維持だけである。これも、企業独自の運転目標というよりは、一般的な安全運転上の前提となるものであり、教育上でドライバーの共感と気づきを生みにくい。
④ ハイリスクの属性教育の内容が足りない。
主に教習所への特定ドライバーの派遣となる。ここで特定ドライバーに抽出されるのは、新入社員や事故惹起者である。これらの層は事故を起こしやすい層であり、短期間の逐次的な教育では顕著な改善は見込みにくい。こうしたドライバーこそ、継続して教育を強化しなければならないが、実際には継続強化に至るケースは少ない。
⑤ 汎用教育が多く、共感と気づきが少ない。
　企業ドライバーは運転免許保有者である。もちろん、運転歴や免許歴に個人差はあるが、少なくとも運転免許を取得するための要件を満たしていることは間違いない。したがって、教育される内容の多くはドライバーにとって既知事項である。つまり、「知らないからできない」のではなく、「知っているけどできない」のである。もっといえば、分かっていても、安全運転をしないのである。汎用型教育に多い「あるべきことを実践しよう」という内容は、誰も否定をしないが、多くの人に共感されていない。したがって、教育内容に自社の実情を入れ込んだ工夫が必要である。

　上記のように課題をまとめたが、筆者がこれまで企業向けの交通事故対策に関する支援を行っているなかでも、取組みそのものはよくやっているのに事故がなかなか減らないという企業には、上記の5つの課題のどれかに当てはまる、あるいは複数が当てはまることが多かった。

コンサルティングの現場から　　安全教育の論点　1

新入社員の事故を減らすためには

　新入社員を対象に配属直前の半日程度、教習所での実車による運転トレーニングを行う企業がある。研修費用は会社負担であり、新入社員向けの研修のプログラムに内包されている。運転トレーニングのねらいは主に運転への慣れである。この研修を企画し運営する企業の人事担当者に趣旨を聞くと、「最近の新入社員は、学生時代に免許は取得するものの、ほとんど運転をしなかった。入社の段階ではペーパードライバーの状態であることが多い。したがって、数年前から新入社員教育の研修に入れるようになった」と話してくれた。これに対し筆者が、「もし、御社の入社基準に「ＴＯＥＩＣ700点以上」と明記してあり、業務も英語を使ったものが当初から見込まれていたら、新入社員研修で英語の特訓を行いますか?」と聞くと、研修を企画、運営する人事担当者は首をかしげ、特訓を行うとは言わなかった。

　「運転業務有・要普通免許」などとして、運転業務を前提に、免許取得者を条件に採用をしている場合、それは前出の例で言えば、「英語を使う業務有・要ＴＯＥＩＣ700点以上」としているのと同じであるということだ。このような入社時に条件を据えている場合、入社時あるいは採用時にやることは何だろうか?

　それは入社条件に合致しているかどうかのテストである。たとえば、英語能力を条件としていれば、入社前にその能力をテストで試し、入社直後も大丈夫かのチェックをするだろう。しかし、それが運転になると、入社前に免許の有無だけを問うに過ぎず、入社後も運転チェックのテストではなく運転技能のサポートになるのである。

【参考】　新入社員向け運転チェックリスト	
1	運転姿勢に異常がないか（前傾、反り返り）
2	ハンドル操作にふらつきがないか
3	走行前に各種ミラーは適正に合わせることができているか
4	走行中、ミラーを見ているか（200mに一度程度以上）
5	交差点進入時、信号青時、自車優先時でも大きな加速をしていないか
6	交差点右折時、信号青時、発進後右折ともに、小回りではなく、周囲確認ができる速度になっているか
7	交差点左折時、信号青時、左折前の減速が十分にできているか
8	右左折時のハンドル操作は適切にできているか（操作が早すぎる、遅すぎる、ハンドルを曲げすぎる、ハンドルを曲げる量が足りない）
9	右左折前の合図タイミングが適切か
10	バック時、バック前の周囲確認ができているか、確認範囲が狭くないか
11	バック時、車両操舵の感覚は適切か
12	バック時、奥行き感覚は適切か
13	走行中の前方視野が近すぎないか
14	走行中の左右視野が狭すぎないか
15	進路変更時、変更前の合図のタイミングは適切か
16	進路変更時、後方だけではなく、前方と周囲の確認はできているか
17	進路変更時、変更するタイミングに無理はないか
18	標識の見落としはないか、進路変更、右左折レーンへの合流が適切にできているか
19	カーナビのチェック、運転中の会話など、運転以外のことに集中してしまう傾向はないか
20	走行中は法定速度内で走行できていて、速度変化が大きくないか

　筆者は企業の新入社員の事故が高止まりする原因は、上記のような企業姿勢にあると考えている。入社前に免許の有無、入社後の研修で運転技能サポートということは、企業側が新入社員に「免許があればよい、あとは入社後に慣れればよいから」というメッセージを送っているのと同様なのである。事故を防止するためには、入社前に免許の有無の確認だけではなく、日常での運転業務のイメージを持たせ、ペーパードライバーの状況では業務に着くことは難しい可能性があること、不安な内定者向けの教育サポートなどを行うべきだろう。このことは、新入社員への運転技能向上サポートそのものだけではなく、企業の運転業務への真摯な姿勢を示すきっかけにもなるだろう。

　つまり、新入社員の事故を減らすポイントは配属直前にあるのではなく、入社前の企業姿勢の示し方にあると筆者は考えている。また、直前の短時間研修では副作用もある。筆者が関与した企業でも多くみられたが、受講者の新入社員が「もっと練習したい」、「少ない時間なのでかえって自信を無くした」などの反応である。このように感じた新入社員のなかには、自ら費用をかけて教習所に通うものもいたが、多くはそのまま配属されていった。これを見ても、気づくきっかけはもっと前に設けたほうがよいだろう。たとえば、配属直前ではなく、入社後すぐに運転チェックを行い、課題を示し、一定期間（新入社員の研修期間内など）を設けて教育サポートを行うなどである。この機会に新入社員の運転教育の在り方を検討するとよいだろう。

5 ドラレコの意義

（1）課題の共通点へのアプローチ

　前項で示した５つの課題を克服するためには、１つのことを見直すことで一気に解決に向かう可能性がある。それはリスクの想定である。言い換えれば、５つの課題を解決するためにはリスクの想定を丁寧に行うことが不可欠ということでもある。
改めて５つの課題をリスクの想定と絡めてまとめると、①は文字通りリスクの想定の工程そのものであるし、②、③は企業リスクを正確に分析し、重要なリスクを打ち出すことで解決する。④は企業リスクの想定ではなく属性のなかにあるドライバー個人のリスク想定である。個人のリスク分析を行い当該個人の課題に合わせた対策をすればよいのである。⑤についても、自社リスクを具体的にすれば、自ずと汎用教育のボリュームは減ることになるだろう。このように業務運転中に実際に起きているリスクの想定こそが、「安全教育」のための第一歩でありきわめて重要なのである。

（２）ドラレコの役割

　５つの課題の対応にはリスクの想定が不可欠であるが、そのリスクの想定に重要な役割を果たすのがドラレコである。これまで企業のリスクの想定には、主に過去に社内で発生した事故データが使われていた。しかし、実際には発生後に１件ずつの内容の共有に留まることが多く、詳細に傾向の分析を行う企業は少なかった。この状態もリスク想定が不足している状態と言える。また、事故情報だけをリスクとすると、一般的に数が少なく、特定のドライバーや営業所に偏りが出てしまうことも少なくない。たとえば次のようなケースを想定する。

【例】
自動車部品製造業：従業員100名　車両台数35台
年間の事故件数　：対人事故なし、対物３件、車両単独事故８件
　　　　　　　　　（対物はいずれも軽微な追突事故、単独事故は
　　　　　　　　　いずれも駐車場内バック事故である）

　上記の例では、事故状況だけを確認すると、少なくとも１年間にわたり対人事故がなく、対物、単独事故いずれも軽微な事故しか起きていないことが分かった。そうなると、企業のリスクと言っても追突防止や駐車場の事故防止に集中してしまい、前述のような速度遵守や適正車間距離の維持といったワンイシュー型の対策になりやすい。ワンイシュー型が常に不十分というわけではないが、リスクの想定に必要な情報が不足した状況で対策に移行している可能性があることを検討しなければならない。

　企業リスクの想定では、前出のように事故・ヒヤリハット・気づき情報の３つを対象として準備することを述べたが、それぞれの情報をドラレコにより収集することができる。ここではドラレコにより収集できる情報を次の４つにまとめる。

① 事故時の前後の映像・運転データ

② 急操作時の前後の映像・運転データ

③ ドライバー、第三者の申告による危険・異常時の前後の映像・運転データ

④ 特定地点の運転データおよび映像・運転データ

　上記で想定しているドラレコの映像・事故データは次のようになる。

【映像データと運転データ】

　映像データはドラレコ映像を指し、事故や危険運転が含まれる一定以上の急操作の前15秒程度、後５秒程度を標準的なものとした。一定の急操作の基準は、ドラレコに内蔵されているGセンサーにより、前後、左右、上下のいずれかで0.4G以上と考えた。

　また、運転データはドラレコデータを指し、前述のGセンサーの動きを波形により示したデータである。波形は前後、左右、上下それぞれにある。また、速度データも運転データのなかに含まれる。運転データにより、速度、車両の前後、左右、上下の衝撃度とその推移を見ることができる。

　企業が自社の業務運転中のリスクを洗い出すためには、ドラレコを活用して事故だけでなく前述のような４つのデータにより、事故と危険のデータを収集することが有効といえる。先の自動車部品製造業の例に戻ると、事故情報だけを想定した場合のリスク想定と、危険情報までを含めた場合のリスク想定を比較すると表1-1のようになる。

表1-1　事故情報と危険情報

事故情報	一般道直進時・追突	2件
	信号有交差点直進時・追突	1件
	駐車場構内バック時・接触	8件
	＊事故情報は既往１か年分の対人・対物・車両単独事故の全てを含む。	
危険情報	一般道直進時・追突危険（前車）	8件
	一般道直進時・接触危険（歩行者）	1件
	一般道進路変更時・接触危険（後続車）	1件
	信号有交差点直進時・追突危険（前車）	3件
	信号有交差点右折時・接触危険（歩行者）	2件
	信号無交差点直進時・接触危険（自転車）	1件
	駐車場出入口左折時・接触危険（自転車）	1件
	＊危険情報は既往６か月分のドラレコにより収集された0.4以上の急操作のあったデータから、事故に繋がる危険と判定されたものすべて含む。	
ポイント	事故情報では対車、車両単独しか出ていないが、危険情報では対人、対自転車の危険が発生している。対策では危険情報に出ている歩行者、自転車への危険回避を徹底する必要がある。	

（3）リスクの想定の考え方

　「なぜ、事故と危険情報を集めるか・・・」。企業のリスクを分析する際、すでに発生した事故を分析することは前提となる。一方で、事故に至らないまでも、危険情報として、自社のドライバーが危険な運転をしたり、相手が危険な運転をしたりで危険に遭遇することはよくあるものである。ここでは事故情報と危険情報の意味をまとめておく。

【事故情報】

　自社のドライバー、相手方、あるいは双方の過失により事故となったもの。危険に対して回避ができなかったもの。

【危険情報】

　自社のドライバー、相手方、あるいは双方の過失により危険に遭遇したが、危険に対して回避できたもの。

　事故と危険の違いは、危険に対して、結果として回避できたかそうではなかったかの違いなのである。企業のなかには、事故になった危険でも、企業内の別のドライバーならば危険回避できたかもしれない。また、事故にはならない危険でも、企業内の別のドライバーでは回避できなかったかもしれない。つまり、結果として回避できたかどうかは、企業のドライバーのなかで必ずしも一様ではなく、ドライバーによるし、それぞれの交通環境や状況によるのである。したがって、事故と危険に差を設けることをせず、企業リスクのなかに等しく事故情報と危険情報を位置づける考え方が重要である。

　ただし、事故と危険情報のなかには、明らかに重要度の低いものもある。その基準が頻度と重度である。これらにより頻度も重度も双方で低いと評価したものは教育の対象から外してもよいだろう。大事なことは、企業リスクを洗い出すなかで、事故及び事故に至らなかった危険情報に差をつけないことである。企業リスクの想定は、事故と危険情報の双方を並列で洗い出し、交通環境で分類しパターン化し、それぞれのパターンの頻度と重度により優先づけをすることである（図1-2）。

（4）ドラレコ活用の現状

　ここまで述べたように、企業の安全教育を実践するうえでは５つの

図1-2 頻度と重度による優先づけ

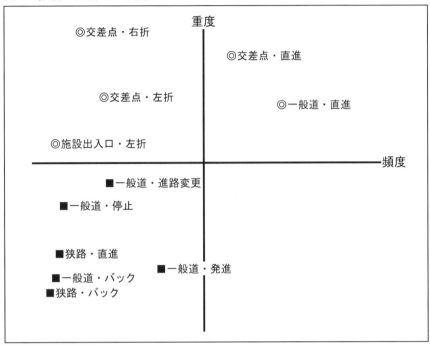

課題があった。それらの課題を克服するためにドラレコの活用は有効
であり、5つのすべての課題へのアプローチにつながるものであった。
本書では、安全教育を貫徹するためのドラレコ活用の方法を主旨とし
ている。一方で、ドラレコの活用の現状にも課題がある。つまり、ド
ラレコを導入している多くの企業では、企業の安全教育を克服するた
めの活用ができていないと筆者は考えている。本章ではドラレコに限
らず、企業の交通安全教育の現状と課題を主として述べ、それらの課
題に対応するためにドラレコが有効であることを述べた。次章では、
それらの課題にドラレコを対応させる方法を述べるのが流れではある
が、前述のようにドラレコ導入企業の活用の課題も重要なため、次章
ではこれを主として述べる。そのうえで、企業の安全教育を実践する
ためのドラレコの活用方法をまとめることにする。

第2章

ドラレコ活用の課題

　ドラレコはもともと事故の記録を目的として開発された経緯があり、その目的においては、ドラレコの普及とともに、広く活用されるようになった。これまで明確にすることが難しかった事故の事実をドラレコの映像により明らかにし、それぞれの事故原因の究明や解決に大きく貢献している。一方で、ドラレコを活用して企業の安全教育を実践するという点では課題がある。ただ、課題は導入した企業側だけではなく、ドラレコ機器そのものにもある。なぜならば、冒頭でも述べたように、ドラレコは、当初から安全教育よりも事故時の記録を目的として開発されたからであり、導入する企業も事故やトラブル時の記録の活用を目的としたことが多かったからである。端的に言えば、ドラレコ導入企業の多くが安全教育をする前提になく、またドラレコの多くが安全教育仕様に作られていないということである。本章ではドラレコ導入企業側とドラレコ機器側の双方の課題を整理し対応の考え方をまとめる。

1 ドラレコ機器の前提

　ドラレコは様々なメーカーから、様々な機種が販売されている。したがって、ドラレコの仕様も様々であり、一様ではない。本書を活用する上で、ドラレコ機能上で特別なものを必要とすることを前提としていない。具体的には、ドラレコのカメラは前方のみとして、映像記録では、最近の主流となっている全運行記録型として、運転データ記録では、運行中のアクセル、ブレーキ、ハンドル操作の状況が分かるものとする。ドラレコは映像記録、運転データの両方を記録するものを前提とするが、それぞれの仕様を詳細に規定しない。本書ではドラレコを活用した様々な教育方法を述べるが、映像記録と運転データが取得できるドラレコであれば、ほとんどの内容に支障がないようにしているので特別なものを準備する必要はない。

2 ドラレコ活用の現状

（1）前提

　ドラレコは急速に普及しているが、ドラレコを活用した事故防止のための安全教育も同時に普及しているわけではない。言い換えれば、

　企業がドラレコを導入していれば、企業内でドラレコ安全教育が実践されているとは限らないということである。導入のみで教育しない場合と、導入して教育に活用するという場合では、企業のドラレコを導入する際の目的に違いがある。

　企業がドラレコを導入する目的は本来2つあると考えられる。1つはファクトチェックで、もう1つはパフォーマンスチェックである。前者は事故や危険運転、あるいはクレーム発生の後、その事実を正確に把握することを目的としたものである。これにより、事故や危険運転、クレーム後の企業内外への対応をスムーズに行うことができる。後者は事故や危険運転はもちろん、企業内で定めた運転ルールや目標、運行が確実になされているかの状況を把握することを目的としたものである。ただし、実際にはファクトチェックを目的とした導入が大半で、パフォーマンスチェックでの導入は少ない。なぜ、企業の導入の目的でファクトチェックが大半であるかということと、ファクトチェックからパフォーマンスチェックに変わる必要があることを、企業のリスクマネジメントの考え方などから次項で述べる。

（2）リスクマネジメントとドラレコ活用

　そもそも事故時の加害者の責任が企業よりもドライバーに重くのしかかる。図2-1のように、事故時の社会的な責任は刑事、行政、民事の3つがあり、刑事は刑法により、国から加害者へ処罰が課されるも

図2-1 事故時の責任

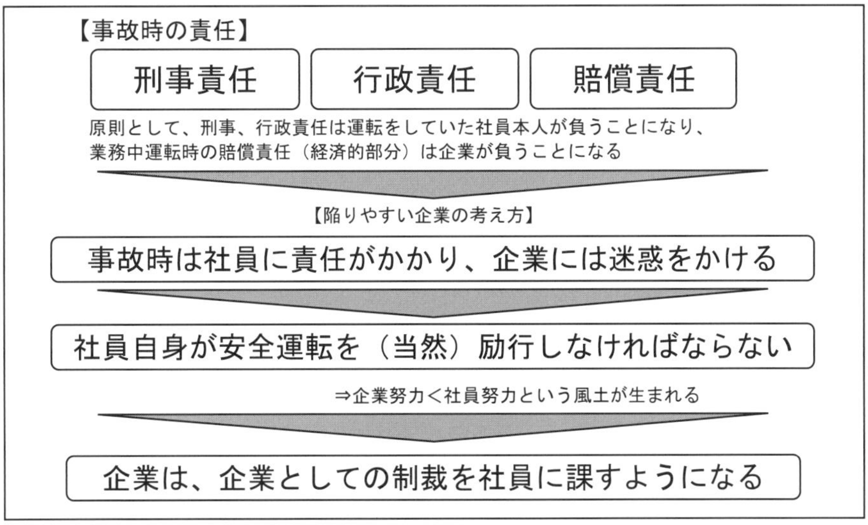

ので、行政は道路交通法により、各都道府県の公安委員会より免許証への処分が行われる。さらに民事では個人間の争訟などにより主に損害賠償金により責任を果たすものである。これらはすべて一義的にはすべてドライバーに課されるもので、これらのなかで、民事責任については、その賠償金の負担を企業が行うことが多い。これは運行利益がドライバーよりも雇用していた企業側に大きいからである。

　このような事故時の責任所在の考え方により、交通事故に対する企業の立場は「他人事」になりやすい。つまり、「事故を起こしたらドライバー本人への責任が重く、しかも事故時の損害賠償は企業が肩代わりしなければならないから、ドライバーの一層の注意と安全運転を求める」、という立場である。このような立場に固執してしまうと、企業自らが事故防止のための安全教育を実践しなければならないという考えになりにくく、むしろ、事故時は企業もドライバーへ罰則を科すなど制裁を強めようとしてしまうことが少なくない。

　しかし、本来のリスクマネジメントの考え方では、すべての企業活動中において、あらゆる他者に対して害悪を及ぼすことがあってはならないのである。したがって、企業は、すべての企業活動中のリスクを洗い出し、優先度をつけ、優先度の高いリスクへの対応を重点的に行う必要がある。こうした考え方のなかで、企業活動中の交通事故リスクも洗い出しのなかに入るが、多くの企業では、このリスクを予防を前提とした重点リスクとしては捉えていない。どちらかというと自然災害と同様に予防は難しく事故後の対応に重点を置くことが多い。たとえば、事故時の報告体制、損保会社との連携、被害者への対応、けがをしたドライバーへの対応などである。これらは主に事故後の社内外への適切な対応を円滑に行うための体制づくりである。このような対応になる理由は前述の事故時の企業責任の考え方によるものではないかと筆者は考えている。交通事故に対する企業の考え方は、ドラレコ導入の目的にも反映しており、結果として対応のためのファクトチェックに活用されることが主となりやすいのである。

　リスクマネジメントにおけるリスクの優先度は、当該企業活動が自社に責任が及ぶか否かという以前に、その活動が人命に影響を及ぼすものかどうかを念頭に置かなければならない。この意味で交通事故は極めて重要なリスクであり、企業は自ら自社の交通事故対策を実践しなければならないのである。

　たとえば、食品メーカーが、自社の製造工程のなかで、自社製品に

異物が混入することはないかについての予防活動を徹底していたのに、同じく自社で行う製品の物流の安全については、ドライバー任せになっていたとする。その理由が異物混入は直接的に企業責任が問われ、物流はドライバー責任が主であるからと考えるとすれば、それは企業がリスクマネジメントの本質を見誤っていると言わざるをえない。

　企業のリスクマネジメントは、財務、法務、経営リスクなど見える化しやすい指標の健全化と、それらを実践するうえでの企業活動のコンプライアンスのセットによる推進が基本と考えられやすい。これ自体は間違いではないが、これを基本として考え、それ以外はリスクがどうであれ考慮しなくてよいとする考え方は間違いである。

　リスクマネジメントの本質は、図2-2のイメージのように、財務、法務、経営などの見える化しやすい指標管理だけではなく、すべての企業活動中にあらゆる他者に害悪を与えず、むしろ企業活動を進めるなかで社会に良い影響を与えることを実践することを念頭に置くことである。このことを実現するためには、企業はコンプライアンスの徹底だけではなく、社会に良い影響を与えるための行動規範の確立が求められる。この行動規範こそが全社員がすべての企業活動中に心がけて実践するものである。ここに社内はもちろん、自社の企業活動に係るすべての関係者の安全に尽力することを前提として入れておかなければならない。

図2-2 リスクマネジメントの本質

35

「すべての関係者の安全に尽力する」ということは、すべての企業の、すべての企業活動に漏れなく適用すべき前提である。したがって、関係者の安全を脅かす可能性のある業務運転中の交通事故は、企業自らが行動規範を持ち、予防安全活動を行わなければならないのである。この点、ドラレコの活用でも、結果のファクトチェックだけではなく、行動規範が実践できているかどうかのパフォーマンスチェックをベースに考えなければならないのである。行動規範の具体化やチェックについては本書の後半で詳細に述べるが、ここでは、企業の交通安全教育やドラレコ活用の考え方を中心にまとめることとする。

（3）４つの類型

　ドラレコ導入の目的が、ファクトチェックが大半であることから、チェック後や日常の安全教育はあまり実践されていない。ファクトチェック中心の考え方は原因を究明し、再発の防止を図ることも行われるものの、どちらかと言うと当該事故や危険の責任所在の明確化や、企業であればドライバーへの社内処分を決めることに活用されやすい。このような傾向は、事故や危険に対して、それらを起こしたドライバーへの責任の明確化や処分をすることが教育そのものであると考えてしまいやすい。このような考え方に終始してしまうと、ドラレコを活用した予防を目的とした安全教育は根づきにくい。

　ただし、ファクトチェック中心の考え方をしている企業でも、ドラレコを活用して交通安全教育を実施している場合はある。表2-1ではファクトチェック中心の企業のドラレコ安全教育の特徴を４つの類型に分けて示した。ファクトチェック中心の企業と限定しているが、現状のドラレコ導入企業の多くがこの考え方なので、ドラレコ導入企業の安全教育の４つの類型と考えても差し支えないだろう。

表2-1　ドラレコ安全教育の４類型（ファクトチェック中心の企業）

類型	事後/未然	対象	形態	教育頻度
Ⅰ	事後	当該ドライバー	自習	都度
Ⅱ	事後	当該ドライバー	再発防止指導	都度
Ⅲ	事後	企業全体	危険共有指導	定期（毎月など）
Ⅳ	未然	小集団	危険予測指導	定期（毎月など）

類型Ⅰ

　Ⅰは事故や危険の後（以降は事後）に当事者のみを教育対象として、教育自体はドラレコ映像を当事者のドライバーが自習する形態をとる。自習とは映像を自身で確認して再発防止を自ら考えるものである。この場合、企業から具体的な教育をすることはなく、よくあるケースは当事者にドラレコ映像を見せて自習をさせ、危険運転などの内容を報告というよりは反省文として管理者へ提出させるようなことが多い。この場合、反省という意味が強いので、その内容のほとんどが謝罪になり、以降の安全対策に関する具体的な内容に乏しいことが多い。

　また、Ⅰのようなケースでは、必ずしも反省文の提出ではない場合もある。ドラレコのデータを運行日報として使用している企業によく見られるが、当日の運行をドライバー本人がドラレコデータにより振り返り、専用ソフトなどによる運転評価により、課題のある運転については映像を確認し、再発防止策を自身で考え、その内容を管理者へ提出するというものである。これは再発防止を目的としたものと言ってよいが、管理者の関与が少なく、また他のドライバーの危険情報なども入りにくいという問題点もある。

類型Ⅱ

　Ⅱは事後に当事者のみを教育対象として、教育は再発防止を目的として企業の管理者が行うものである。再発防止指導では、ドラレコデータを管理者と当事者であるドライバーの双方が確認し原因を究明し、以降の再発防止のための運転の心構えや具体的な運転方法を考え出すところまでをカバーするものである。ⅡのケースはⅠに比べ、教育に管理者が関与していることが異なる。ファクトチェック中心であっても、Ⅱのような内容であれば再発防止教育を行っていると評価してよい。ただし、教育には時間もかかり、管理者側の負担が大きく、実際にはあまり行われていない。

類型Ⅲ

　Ⅲは事後に企業全体あるいは企業内の営業所などの組織単位を対象として、教育は定期的に事故や危険の映像を共有することで再発防止を図るものである。映像の共有は多くの場合、時系列に整理された映像である。運用はたとえば月単位で行い、○月の事故とヒヤリハット報告会のような形式となる。Ⅲは当事者に留まらず、企業内の組織単

位で事故や危険の共有をしている点はⅠやⅡと大きく異なるところである。事故や危険情報を当事者だけではなく、なるべく多くのドライバーへ共有するという姿勢は重要である。事故や危険の情報は当事者へのフィードバックだけではなく、それらの情報が役立つと考えられるドライバーを関係者として情報共有することは重要な考え方である。ただし、安全教育という観点では共有だけではなく、何らかの企業からの強化が必要である。〇月に発生した事故や危険だけではなく、企業の分析から、当該事故や危険の頻度や重要度を割り出し、それに伴い注意をすることや具体的な安全運転方法を指導することが必要である。強化されていない情報は映像データであっても記憶に残りににくく、その後の運転行動に反映されにくいと言える。

類型Ⅳ

　Ⅳは事後とは限らず、むしろ事故防止を目的に定期的に行うものである。対象は小集団など企業内の任意の集団や営業所単位で行われることが多く、内容は過去の事故や危険映像を活用して危険予測指導を行うことが多い。危険予測指導は自社の事故や危険映像を材料にして、それぞれの事故や危険の映像を流し、衝突やヒヤリハットの直前で一時停止をして、その後に起こりうる危険を参加者のなかで検討し、予測を行い、その結果を同種の危険でも行えるように確認するものである。

　Ⅳの場合でも課題はある。本来、安全教育は企業側から強化を行うものである。つまり、企業は事故や危険映像の教材を提供し、内容は小集団の考えるままでは十分ではなく、当該映像で想定できる危険に対して、どのような安全対策を行うかを企業側から示しておく必要があるだろう。なぜならば、企業からの内容がなければ、小集団ごとに回答は異なり、企業としてはバラバラな安全対策になりかねないからである。もちろん、危険予測の後で、企業側から回答や講評をしていればよいが、実際に自社の映像を使った内容では、テキストと位置づけられるものがないことが多く、参加者の回答で完結してしまう場合が少なくないので要注意である。

（4）現状（まとめ）

　ドラレコの普及は急速に進んでいる。高齢ドライバーの事故、あお

り運転などが露出するようになると、自営的手段の一つとしてドラレコの導入が加速している。これは最近数年のことであり、導入の主役は企業から個人に移りつつある。

　そもそもドラレコはタクシー、バスなどの旅客業者をはじめとした企業の導入から始まっている。ただ、企業のドラレコの導入は、旅客業界で高く、次に物流業界と続くが、その他業界では目立って高いとは言えないが、今後は一般企業の導入もさらに進むだろう。

　こうした導入の現状に加えて、ドラレコ安全教育についてはあまり実践されていない。個人では自身でデータチェックをして運転の振返りを行うなどがあるが、これがどの程度実践されているかを掴むことは難しい。実際に売れているドラレコは比較的安価なものが多く、個人のドラレコ導入目的がやはりファクトチェックが多いことを考えると、それほど教育的なことが実践されているとは想定しにくいだろう。

　企業でもファクトチェックを目的とした導入が大半である。ただ、企業のなかにはドラレコ安全教育を実施している場合もある。その実践の内容は前項の４つの類型に分けられる。ⅠとⅡは事故や危険の情報が当事者に留まる課題があった。Ⅲは情報共有を当事者だけではなく、社内の関係者に拡大している点はよいが、危険予測などを参加者のなかでやってもらい、参加者の回答や考えをまとめる形式が多く、企業として求めることをあまり打ち出しておらず、教育による強化になりにくい点が課題であった。本書では、これらの４つの現状の活用実態を踏まえ、それぞれの課題を踏まえた、予防を目的とした安全教育の活用を述べることとする。

３ 安全運転評価

　ドラレコは事故や危険の映像を取得するだけではなく、備付けのデータ解析ソフトを用いて事故や危険の詳細を分析することができる。ただし、ドラレコ機種により解析の範囲は幅広くあり、そのすべてを取りあげることはできない。ここではドラレコ機種を問わず、もっとも普及しているデータ解析機能の一つである安全運転評価について述べる。現状では、企業がドラレコを活用して交通安全教育を行う場合は、ドラレコの安全運転評価機能を活用していることが多い。これによりドライバーを評価し、指導や全体の教育にも生かしているというものである。ただ、現状のドラレコの安全運転評価機能には課題があ

り、教育での活用には注意が必要である。その詳細を以降で述べる。

（１）　特徴

ドラレコの安全運転評価の概要は表2-2にあるとおりである。

表2-2　安全運転評価の特徴

項目	特徴
安全運転評価	危険運転（運転の荒さ）と危険遭遇（ヒヤリハット）を急操作の回数、強度の記録から評価する。
評価の特徴	急アクセル、急ブレーキ、急ハンドル、速度超過の４項目について、運行中（１日単位）、走行距離当たりの回数により評価する場合が多い。また、特に急操作の強度が強い（0.4〜0.5G以上）ものは場所などを含め詳細にフィードバックする。
その他	省エネ運転度、危険な運転挙動（予め定義されたもの）など

ドラレコの安全運転評価の特徴を端的に言えば、ドライバーの運行中の急操作の頻度と強度により決まるということである。これは結果としての急操作なので、どのような経緯で急操作になったかは考慮されない。結果としての急操作だけを安全運転評価の拠り所とすることには問題点があるので、次項で急操作の誤解について述べる。

（２）　課題

ドラレコの安全運転評価の特徴から、実際の企業の教育現場では「急」のつかない運転を励行することがよくある。たとえば、物流企業の一部では急操作の頻度や強度をドラレコにより評価し、そのレベルに応じて乗務員の給与や賞与に反映していることもある。これは「急操作のない運転」＝「安全運転」、もっといえば、急操作のない運転さえすれば安全運転という強化にもつながる。このような強化には課題があり、急操作の理解に誤解があると言わなければならない。

急操作はアクセル、ブレーキ、ハンドルそれぞれにある。また、急操作が生まれる原因は大きく２つあり、それらは運転の荒さと危険回避によるものである。運転の荒さは加速が大きいなど、主にドライバ

一自らの運転態度が原因となる。一方、危険回避による急操作は主に回避の遅れが原因となる。この場合、自らの脇見などの不安全行動が原因となることもあるが、それ以外に他者（車）の強引な進入により余裕のある回避そのものができないことが原因であることも少なくない。したがって、急操作のなかにはドライバー起因ではない、「必要な急操作」も含まれているということである。このことを踏まえると「急のつく運転をすべて防止せよ」というだけでは、合理性に欠けると考えなければならないだろう。

　整理をすると、急操作にはドライバー自身の運転の荒さやドライバー自身の不安全行動によるものと、専ら相手側の不安全行動や強引な運転行動によるものとに分けられる。本書では、前者を自車要因型の急操作、後者を他車（者）要因型（以降は他車要因型とする）の急操作とする。したがって、ドラレコの運転データにより、ドライバーの安全運転評価をする場合は、上記の双方を踏まえた評価としなければならない。しかし、実際には、ドラレコの解析ソフト上では自車要因型と他車要因型の急操作を区別することは難しく、結果としては２つを含んだ急操作の頻度と強度により評価をしていることになる。

　ドラレコを活用してドライバーの安全運転評価を行う場合は、急操作の頻度と強度の評価は一つの目安として考え、企業の管理者はその目安から、自車要因と他車要因の内訳を確認する必要がある。少なくとも、自車要因と他車要因の合計でドライバーの安全運転評価を行うことは、必ずしも十分とは言えないことを知っておかなければならない。

４　急ブレーキの理解

　急操作はアクセル、ブレーキ、ハンドルとあるが、とくに重要なのが急ブレーキである。危険回避のために行う行動としてもっとも多いからである。つまり３つの操作のうち、ブレーキ行動がもっとも危険と関係がある行動である可能性が高い。ここでは、急操作の種類である自車要因、他車要因の他に、急操作で重要な急ブレーキの種類をまとめる。これにより企業の管理者は、ドライバーの急操作の内訳を把握したうえで、とくに重要なブレーキ行動の特徴を見出すことができる。

（1）　必要な急ブレーキ

　他車に原因がある危険の場合、それを回避するためには急ブレーキは必要ある。しかも、強く踏まなければならない。しかし、「急ブレーキを踏めない」というドライバーもいる。理由は「急ブレーキをしてはいけない」という指導をされているから、あるいは「急ブレーキを踏んだことがない」からである。安全教育では咄嗟の危険回避の練習もしておく必要がある。営業所内や特別な施設で練習をすると「こんなにブレーキが利くとは思わなかった」と話すドライバーは意外と多いものである。ドラレコ導入企業では、「急のつく運転」をすべて禁止するのではなく、必要な危険回避は思い切りブレーキを踏み込めるような訓練もさせることが必要である。たとえば、車線変更禁止のゾーンでの他車の強引な車線変更や横断禁止のゾーンでの歩行者の急な飛び出しなどに遭遇した場合は、急ブレーキにより危険回避をするしかなく、そのブレーキを思いきり踏むことが重要ということである。

（2）　運転癖である急ブレーキ

　ブレーキ行動は余裕をもって早めに、なおかつ滑らかに停止することが望ましい。これと逆行するのは短く強いブレーキ行動である。これは危険に気づくのが遅れたことにより起きやすく、危険予測の欠如や危険回避の遅れが原因として考えられる。しかし、それだけではなく、短く強いブレーキはドライバーの運転癖、ブレーキの踏み癖であることも想定しておかなければならない。
　ブレーキの踏み癖には2つのパターンがある。1つは危険の認識はできているが、ドライバーが想定している制動距離が一般ドライバーに比べ短い場合である。これが常態化すると同乗者からは「ブレーキが遅い」といわれる。もう1つはブレーキそのものが強い場合である。想定している制動距離は正常だが、ブレーキそのもの、とくにブレーキ終わりの停止時を強くしてしまうことがある。たとえば、路線バスの乗務員のブレーキ行動のなかには「バス停付近で反動が大きく乗り心地が悪い」と感じることがあるが、その原因はバス停付近の停止直前にブレーキを強く踏み込む癖が原因であることがある。大事なことはドライバーのブレーキタイプを指導する企業の管理者が把握できているかどうかである。いつも余裕のある、長く滑らかなブレーキかと

いうことをチェックして、危険回避時の運転癖がないかを捉えること
は指導上で必要と考えられる。

　「ブレーキが遅い」、「最後のブレーキが強い」という運転癖はリ
スクも高い。ブレーキが遅いことは制動時間に余裕がない状態なので、
天候、路面状況などの変化に対応しにくい。制動の余裕は心の余裕と
いうよりはスペースの余裕を作るものであると考えたい。ドライバー
のなかにはギリギリで停止するのが「運転が上手い」と勘違いしてい
ることもあり注意が必要だ。

　また、物流会社では、最後のブレーキが強いことは搭乗者や荷物へ
の影響も少なくない。トラックドライバーは空荷と積荷がいっぱいの
状態ではブレーキの踏み方を変えなければならない。しかし、この場
合、短く強く踏む乗務員もこれらの使い分けをしているが、ベースの
短く強いという傾向はほとんど変わりなく、その意識のまま制動距離
だけの調整をしていることがあり注意が必要である。

（3）「ながら運転」

　企業ドライバーのドラレコデータを解析すると、急ブレーキ要因で
最も多いのが「ながら」運転による危険回避の遅れである。「ながら
運転」は自車が直進中で、渋滞中などの低速の状態、あるいは前方に
障害となるものがなくスムーズに走行できる高速道路などで起きやす
い。「ながら運転」の対象となるのは、圧倒的に携帯電話が多く、次
に地図（カーナビを含む）、車外への脇見・よそ見、さらには車内で
社用端末を使うなど、何らかの業務を行うことである。これらの状況
をチェックするには、ドラレコの車内カメラを装着することにより、
走行中の「ながら運転」を映像により確認することはできる。しかし、
多くの場合、そのチェックは事後である。事故や危険運転があった場
合、車内カメラも使って原因を検索しているところで見つけられるも
のである。車内カメラを活用している企業では、事後に「ながら運転
」があったかどうかを把握することができるので、「ながら運転」禁
止を打ち出し、実際に「ながら運転」による事故が発生した場合には、
当事者のドライバーへ厳しく責任追及をする姿勢を見せることで、他
のドライバーへの抑止を徹底していることが多い。

　上記のような対策の考え方は、事故や危険の発生後に、車内カメラ
により「ながら運転」があれば責任追及し、日常では、このような事

故例を示し、「ながら運転」は車内カメラで把握できることをドライバーへの「ながら運転」抑止に向けるというものである。このように事後対応が中心であることと、「〜してはいけない」の徹底のセットによる強化は副作用も生みやすいことを述べておく。

　実際によくある副作用は、車内カメラチェックを日常で行っているわけではないので、ドライバーからすると、徐々に車内カメラの装着に慣れてしまい、「事故や危険にならなければ携帯電話をしながら運転しても構わない」と考えてしまうことである。これは企業側の対策が、ドライバー責任の重視と「〜してはいけない」という、ドライバーにとってネガティブなことだけを強化することになり、そのことに反抗心を抱くドライバーも出てくることで副作用が出やすくなる。

コンサルティングの現場から　　安全教育の論点　2

ながら運転対策

　「ながら運転」や「居眠り運転」の対策は安全運転に対する企業姿勢が問われるものである。この企業姿勢はドライバーのモラル形成や運転行動そのものにつながりやすい。ここでは事例を紹介し、対策の企業姿勢の重要性を述べる。

　もう10年以上前のことであるが、「居眠り運転」防止の対策について、ある物流会社の経営者が「ドライバーに必ずおしぼりとガムを持たせている」と筆者に話してくれたことがある。これに対して筆者がそれは安全対策ではなく労働強化であると話したが経営者は考えを変えなかった。ちなみに、この会社は、今はもうなく、それは大きな事故を起こしたからではないが、当時から事故と離職者が多い会社だった。

　2019年12月1日より、「ながら」運転の罰則が強化された。これを契機として携帯電話のハンズフリー機能を導入する物流会社があるようだ。携帯電話の通話リスクは電話機を持つか持たないかの比較だけではなく、同乗者との会話に比べてどうかも考えなければならない。その観点では電話機を見て、持って話すこと以外にも2つのリスクがある。1つは当初、相手が分からず話の内容が予期できないこと、もう1つは相手が自分の状況をわからないことである。これらにより、

携帯通話は同乗者会話に比べ、電話機を見たりするだけではなく、予想もしないことを突然言われたり、こちらが複雑な交通環境にいることなどが相手に伝わらなかったりと、事故の原因につながるパニック行動の原因になりやすい。ハンズフリー機能は電話機を持つという役割を肩代わりするもので、運転中の携帯通話のリスクをすべて解消するものではない。

　経営者が注意すべきことは、ハンズフリーの導入が、電話がかかれば運行をしながらでも通話しなさいというメッセージに取られかねないということである。これは冒頭の例での、眠気が来ても我慢して運行を続けなさいというメッセージに取られかねないのと似ている。経営者側が、運転中の通話や、眠気があるままの運転といった顕在化したリスクを取り除くのではなく、仕方ないとする考えや施策は慎むべきだろう。

　眠気が来たら迷わず管理者へ連絡すること、運転中の通話はしないこと、会社側はドライバーへの連絡時は、必ず運行中かどうかの確認をすること、車内でドライバーが行う一切の業務は、いつ、どこで、どのように行うかについて無理のない手順書を作成すること、携帯電話や各種端末、私物などの車内置き場所をスペース作りとともに決めることなど、「ながら運転」対策では、リスクを取り除く安全対策を丁寧に行い、ドライバーが運転に集中できる環境づくりを重視し、それに基づいた管理を徹底することを忘れてはいけない。

（4）危険認知の遅れ

　急操作をドライバー毎に集計すると傾向が分かる。アクセル操作に急操作が多く、ブレーキ、ハンドルにはほとんどない場合や、どの操作にも急操作がみられる場合もあるだろう。なかでもとくにチェックと教育を強化しなければならないのがブレーキ操作に急操作が集中している場合である。アクセル操作にはほとんど荒さがなく、無理なハンドル操作も日常にはない。このような場合は危険認知の遅れによる急ブレーキが多くなっている可能性を考えなければならない。交通環境から危険や異常を認識すること自体に遅れがあり、このためブレーキ行動に遅れが出てしまい急ブレーキとなるものである。危険は認識

できていて大丈夫だろうと判断する場合も急ブレーキにつながるが、この場合、急ブレーキ自体は検出されるが、その数が日常的に多くなることは稀である。なぜならば危険が認識できている場合は自ら運転を修正することができるので、一度の判断ミスをきっかけとして急ブレーキが減ることが多い。

　また、このような危険認知の遅れによる急ブレーキが多いドライバーは、まず前項の「ながら運転」が原因であることがある。これについては前項の通りである。次に注意をしなければならないのは身体的要因である。1つはSAS（睡眠時無呼吸症候群）に罹っていて、慢性的に居眠り運転になりやすいタイプであり、もう1つは視覚機能の異常である。たとえば、緑内障による視野欠損や両眼視差が大きいことから危険認知が遅れるなどである。両眼視差が大きい場合はメガネやコンタクトレンズで調整ができていればよいが、そうでない場合は危険である。また、身体的要因とは言い切れないが、いわゆる運転適性のなかで危険把握力が弱いドライバーも想定しておかなければならない。これらの身体的要因あるいは運転適性の異常についての対策は3つある。1つは早期に見つけること、1つは専門機関との連携をすること。たとえば、SASや視覚では医療機関、運転適性では教習所などである。さらにもう1つは「成り行き」を見極めることである。対策を講じている企業のなかには、早期発見と専門機関との連携までは行うが、その後の成り行きに対する見極めをあいまいにしていることが少なくない。現状は人手不足の企業が多いため、対応をするが処置を逡巡してしまい、結果的にはリスクは変わっていないことがある。対応をしてもすぐにリスクは下がらないことが多く、時間をかけて対策する覚悟と、見極めは安全運転の安定的な継続ができるかを厳しくチェックする必要がある。

5　不安全行動の把握

　ドラレコにより取得できる急操作データとは、ドラレコ内に装着されているGセンサー（重加速度計）により、通常は前後、左右、上下の衝撃が一定以上になったところ、及びその前後を指す。一定以上の衝撃は0.4G以上をヒヤリハットとするとか、前後の時間は前15秒、後5秒のように、ドラレコの機器それぞれで任意に設定することができるものが多い。したがって、急操作はドラレコの機種にもよるが、

多くは導入企業側で定義することができる。このように予め設定した定義に基づき急操作データを収集することになる。

　急操作データについては機器上の設定から定義することも実務上は必要だが、そもそも安全教育のために「危険」の分類という観点から定義づけすることも教育上は重要である。前項では、急操作を自車要因と他車要因に分けた。さらに、急操作のなかでも重要な急ブレーキの種類をまとめた。ここでは、安全教育を実践するうえで、最初に対策を講じる必要がある自車要因に関する危険の分類をまとめる。自車要因の危険の分類では、図2-3のように急操作と不安全行動とに分けられる。そのイメージでは急操作とは、ドライバー自身の不停止、不確認、リスクテイクがあり、その上で相手がその近くにいた場合、危険回避のために行う操作であり、不安全行動はドライバー自身の不停止、不確認、リスクテイクはあるものの、その際に相手が近くにおらず、危険回避の必要がなかったものである。また、前項の急ブレーキの種類では、主に自車要因の危険を中心に検討したことになる。

図2-3　急操作と不安全行動のイメージ

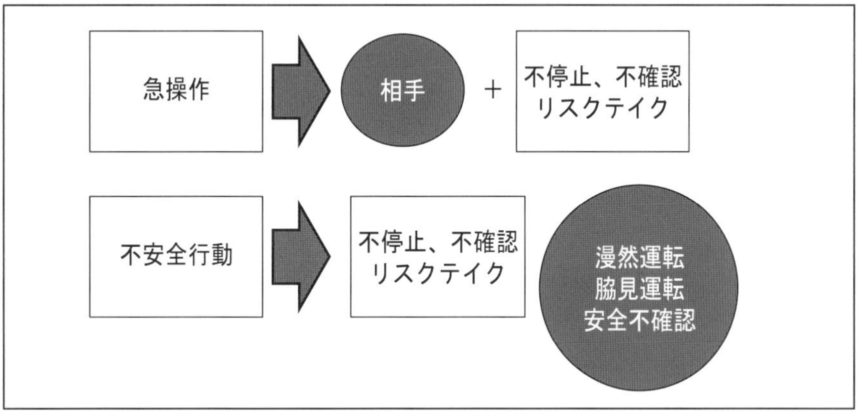

　ドライバーの運転チェックをする場合は、危険な運転を急操作だけに限定せずに不安全行動までを含めて考えるのが合理的と言える。たとえば、信号のない交差点、自車非優先時の直進を想定すると、この場合、ドライバーは交差点進入前に一時停止をする必要がある。

　図2-3のイメージでは、交差する左方から自転車が進入しているなどであれば、自車は急ブレーキを踏むことになり急操作となる。一方で交差する右左ともに進入者がおらず、交差点内にも危険がなければ、自車は急ブレーキを踏むことはないだろう。しかし、交差点手前で一

時停止をしていないことから不安全行動自体は起きていることになる。

　ドラレコデータでは一定以上の急操作を収集することは可能だが、運行全体の不安全行動を抽出することは困難である。前者はドラレコの解析ソフトを使い、ほぼ自動で抽出できるが、後者は自動で行うことは難しくデータを詳細にチェックしなければならない。このため、ドラレコの運転チェックや安全運転評価では急操作の状況を把握し評価しているが、不安全行動の状況は把握することも評価も難しい。たとえば、交差点手前などほとんど一時停止をしないが、たまたま相手がなく急操作がないドライバーは、ドラレコ上の安全運転評価は安全度が高い状態と評価されやすい。この点、ドラレコの急操作中心の安全運転評価は、ドライバー自身の運行中の危険との遭遇度合いを表している可能性はあるが、ドライバー自身が持つリスクを反映しているとは限らないのである。

6 ドラレコ安全運転評価の適用

　ドラレコの安全運転評価の現状は、走行中の急操作の回数と強度により評価するものが主である。本章では急操作にはドライバー本人による危険運転とは必ずしも言えないものがあり、また急操作以外にも不安全行動と呼ばれる危険運転があることを述べた。さらに、危険運転とされる急操作にも、自身に原因の多くがある（自車要因型）ものと他者（他車要因型）にあるものとに分けることができる。したがって、ドライバーの安全運転評価をする際には、走行中の急操作の回数と強度だけを材料に評価するのは十分とは言えない。

　ここではまとめとして、安全運転評価をする際に必要な危険運転の範囲と現状のドラレコの安全運転評価の範囲を整理しておく。図2-4では、あるべきドラレコ安全運転評価における危険運転の範囲を示している。その内容は自身が起因となった急操作と主に急操作にはなりにくい不安全行動、そして枠外に他者が起因となった急操作である。またあるべきドラレコ安全運転評価の対象としている範囲を枠により囲んである。

　一方、図2-5ではドラレコ安全運転評価の現状の範囲を示したものである。ここで扱う現状はすべてのドラレコ機種を対象とせず、普及型で一般的な機種を対象としている。まず危険運転は急操作を指し、自身であれ、他者であれ、どちらに起因するものであっても区別する

図2-4　あるべきドラレコ安全運転評価

| 危険運転 | 急操作 | 自車要因型 |
| | 不安全行動 | |

他者要因型

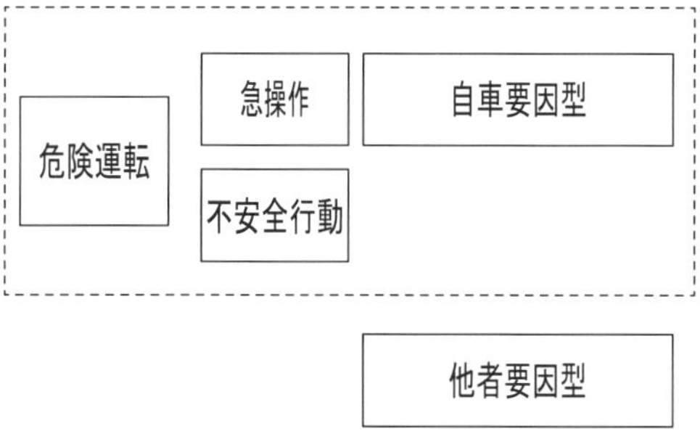

図2-5　ドラレコ安全運転評価の現状

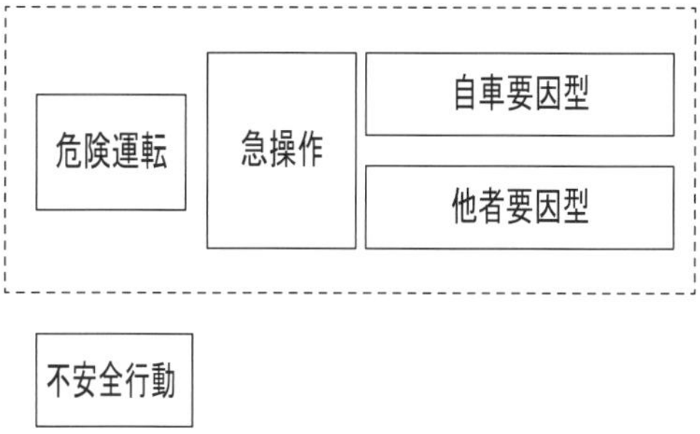

| 危険運転 | 急操作 | 自車要因型 |
| | | 他者要因型 |

不安全行動

ことなく含まれている。ここでもドラレコ安全評価のための危険運転の範囲を枠で囲んでいるが、急操作を伴わないことが多い不安全行動は枠外になっている。

　このように、本来の危険運転の範囲と実際のドラレコ安全運転評価の危険の範囲は異なることが多い。したがって、機器による評価は目安と考える程度にしておくのがよいだろう。また、ドラレコ安全教育では、ドラレコで収集されたデータを基に安全教育を実践することが前提なので、企業側がデータの評価を適正に行えるかどうかがきわめて重要である。まずは何が危険運転の範囲なのかを明確に示し、それらを防止するための安全教育を行わなければならないだろう。

7　安全運転評価の在り方

　一般的なドラレコ上の安全運転評価には、急操作を中心とした評価ということだけではなく、もう1つ特徴がある。それは安全運転の実践度を評価しているわけではなく、走行中の危険をカウントし、危険に対して減点をする仕組みであるということだ。その危険というのは前項で整理したように、自身が起因となったものと他者が起因となったものの双方を包含したものと考えられる。したがって、一般的なドラレコの安全運転評価は、ドライバーの走行中の安全運転の実践度ではなく、ドライバーの走行中の危険遭遇頻度を反映したものといえる。

　危険遭遇頻度はドライバー自身の安全運転度を必ずしも反映していない。危険遭遇は自身の運転状況だけではなく、相手を含む周囲の交通参加者の安全度や交通環境そのものが持つ顕在的、潜在的の双方のリスクが影響するからである。また、それだけではなく当該企業の業務内容によることも少なくない。時間や訪問件数など業務条件などが

ドライバーの運転に影響を与えるからである。ただし、特定のドライバーだけに危険遭遇が多いなどはドライバー自身がリスクを多く持つ可能性がある。一方で特定の営業所だけに危険遭遇が多いというのは営業所の走行エリアが持つリスクや、当該営業所の持つリスクを反映していることがあるので注意をしたい。

　安全運転評価はドライバーの安全運転実践度を中心に考えるべきと筆者は考えている。予め企業側は、自社が走行するエリアあるいは業務のリスクを反映した安全運転のための実践目標を設定し、それに基づき日常の安全教育が実施され、その後、ドラレコデータにより安全運転の実践度をチェックするという一連の流れを作ることが望ましい。このため急操作を中心とする現行の安全運転評価については、ドライバーの危険遭遇度と捉え、ドライバー個人のリスクから、交通環境、エリア、自社の業務まで幅広くその原因を探る必要があると考えなければならない。

8 データ収集上の課題

（1）2種類のドラレコ

　ドラレコを活用した安全教育をするうえでドラレコデータの収集は不可欠である。本項ではデータ収集上の課題について述べる。

　まず、データ収集という観点では、前提としてドラレコを2種類に分けて考える必要がある。ドラレコは車体に一定以上の衝撃がかかったところをイベントとして捉える。ドラレコの種類は、そのイベントの前後のみを記録するタイプのイベント型と、イベントに関係なく車両の走行中の全運行を記録する全運行記録型がある。当初はイベント型から普及したものの、最近では全運行記録型が一般的になっている。

（2）データ収集の課題

　ドラレコはイベント型、全運行記録型の2つがある。また、ここでは筆者が普及の仕方により3つの期間に分けた。具体的には初期として2000年前後、普及期として2006年くらいから2016年くらいまで、急拡大期として2017年以降から現在とした。データ収集の課題はそれぞれの期間毎に特徴があり、それらを俯瞰することでデータ収集の根強

50

い課題について述べることとする。

1）初期

　ドラレコは当初、主に事故時の記録を目的としたものであり、事故時の映像があれば事故の解決や被害者救済ができると考えられた。その際に、当初は運行の全てを記録する容量が機器に備わっていなかったため、何らかの定義を設定して事故データを逃さず記録する必要があった。それがGセンサーによる車体への衝撃度であった。具体的には0.4G、0.5Gなど一定のG値を設定し、それ以上を事故の可能性があるものと定義した。この設定した値を閾値（しきいち）と呼ぶ。この閾値を超えるデータは事故の可能性のあるデータとされたが、実際には次の4つのデータで構成された。

① 事故
② 事故に至らないヒヤリハット
③ ヒヤリハットとは異なるドライバー自らの危険運転
④ ヒヤリハットでも危険運転ではないもの

　事故は文字通りだが、ヒヤリハットは当初想定されたものは相手があるニアミスの状態であった。しかし、事故や相手のあるニアミスはむしろ少なく、実際に収集されたデータは上記でいう③と④が大半であった。③はいわゆる運転の荒さと言われるもので、急アクセルや急ハンドルに出やすい。最後に④に該当するものはその他すべてになるが、主なもので出やすいのは次の4つである。

① 段差
② 縁石
③ 道路上にある石、落下物
④ 踏切

　上記はすべて上下の衝撃である。上下の衝撃がすべて危険と関係がないわけではない。相手がいる、あるいは衝突を伴う場合もあり、上下の衝撃自体は記録が必要と考えなければならない。ただ、相手がいない上下の衝撃については危険と関係がないことが大半と考えてよいだろう。

　初期のドラレコは事故及びヒヤリハット中心にデータを収集して、事故の記録を主目的として、合わせて付加的にヒヤリハットも収集し事故予防につなげるというものであったが、実際にはドライバー自身の危険運転とは関係ないものが多く収集されたため、想定した使い方

がうまくできなかった。初期のデータ収集上の課題は事故とヒヤリハットがあまり収集されず、ドライバーの危険運転と危険とは関係ないものが多く収集されることであったと考えられる。

２）普及期
　2006年ごろから急拡大の直前までを普及期としたが、この期間の特徴は以下の５つである。
① 参入企業の増加
② ドラレコ価格の値下げ
③ 常時記録型の普及
④ 防犯カメラ機能への注目
⑤ 旅客業界への普及
　上記の５つは１つの流れで次のように説明することができる。ドラレコ市場は市場拡大が見込まれ、2006年ごろから参入企業が増加した。このことでこれまでのドラレコ価格は見直され、各社間の競争により価格は引き下げられた。また、全運行記録型はそれまで保存容量やコストの問題から本格的な開発が遅れていたが、参入企業の増加や価格の引き下げから市販化できるようになる。全運行記録には事故や危険のみならず、いわゆるトラブルの記録にもなり、これに注目した旅客業界では導入が一層進んだ。
　以上のように説明できるが、データ収集上の課題に即して考えると、普及期はデータ収集上の課題以前に安全教育への活用が薄れてしまった時期でもあった。具体的には上記のように、全運行録画をトラブル記録として捉え、トラブルの確認と抑止に活用することに注目が集中したためである。とはいえ、このことにより、バス、タクシーを中心とする旅客業界では普及が大きく進んだ。
　旅客業界の中核であるバス、タクシー業界では、ドラレコ導入以前から日常的な安全教育をしていたため、安全教育のなかでドラレコのデータ活用も検討された。しかし、当初は企業内の全体で活用することを制限する企業が多かった。ドラレコデータを企業内の当事者（事故や危険を起こしたドライバーと企業の管理者）以外が見聞きすることは、ドライバーのプライバシーを侵害するものと考えられたからである。このため、企業では当事者を含む企業内の安全教育での活用に限定した目的を明確にして、企業内のドライバーに了承を得る手続きを行うなどして活用をするようになった。それでも、ドライバーの日

常の運転ぶりで問題となるデータなどは除外して、事故時の映像に限定して活用することが多くなった。

　さらに、旅客業界で進んだドラレコの導入は全運行記録型のドラレコであった。これにより事故とトラブルの双方を記録することができるからである。全運行記録型のドラレコは運行の全てを記録し、さらに、一定のデータ量以上ではドラレコのデータ保存容量を超えてしまうため、当初のデータは消去され、新たなデータに上書きされる。そのためデータを分析し、ドライバー毎に危険や異常を見つけることは実務上難しいものだった。

　このような状況から、全運行記録型のドラレコは旅客業界を中心に普及が進んだものの、安全教育への活用という意味では、ドライバーのプライバシー保護やデータ分析の負担からなかなか進まず、実際に行われた教育の多くは事故時の映像の共有による再発防止教育が主となった。また、このような動きは、ドラレコを活用した安全教育を事後（事故や危険運転の後）の映像データの共有を中心とする再発防止教育が中心となる土壌を作ったといえる。

３）急拡大期

　旅客業界でドラレコが普及する一方で、その他の業界や個人への普及は依然として限定的な時期が長く続いた。また、旅客業界でも、都市部の大手タクシーや路線バス業界では導入が進むが、地方部のタクシーや路線バス以外の観光バス、あるいは中堅・中小のタクシー、バス業界での導入は進まない時期も長く続いた。

　このような状況から、2016年（平成28年）1月15日に発生した軽井沢スキーバス転落事故は大きな転換期となり、その後、貸切バスへのドライブレコーダの設置が国土交通省により義務化された。さらに、この前後から、事故時のドラレコ映像が報道で取り上げられることも増え注目されるようになり、個人がマイカーにドラレコを設置することも増えるようになった。最近では2017年（平成29年）6月5日に発生した東名高速夫婦死亡事故の原因となったあおり運転の対策に意識が高まり、マイカーへのドラレコの普及が一層進んだ。

　また、この時期はテレマティクスと呼ばれる通信型のドラレコも市販されるようになった。すでにドラレコ、自動車メーカー、リース会社、損保会社から販売されている。ドラレコに通信機能を付加することにより、導入した企業内、または企業や個人とメーカー間などでリ

アルタイムでの事故や危険の把握ができるようになった。これにより、事故多発交差点の走行時の通知、ドライバー自身が危険運転をした際の警告などの安全運転をサポートする機能も搭載されるようになった。企業活用では、ドライバーが危険運転をした情報が即座に企業内の管理者に報告されるなどの機能も使われ、安全教育の強化をする企業も増えた。テレマティクスを導入する企業は旅客業界というわけではなく、むしろ白ナンバーの営業車などが中心になった。

　急拡大期の企業のドラレコ活用による安全教育は、普及期に比べ広く行われるようになった。とくに普及期にあったドライバーのプライバシーの問題が、事故防止のための安全教育への活用という用途に限れば、企業内での活用へのコンセンサスは取れることが多くなり、多くの企業内の安全教育でドラレコデータが活用されるようになった。しかし、活用方法という観点では、普及期に根づいた、事後にドラレコの映像の共有を行うことが依然として多く、さらに、急拡大期に実質的に普及が進んだ個人では、あおり運転や事故の記録が主目的と考えられる層が大半であり、自身の日常運転の安全評価や改善ニーズなどは限定的と考えられる。

４）まとめ

　ドラレコはもともと事故時の記録を主目的として開発され、当初はイベント型のドラレコが主流で導入は企業が多かった。イベント型のドラレコは事故と危険運転を記録するものとして当初は活用されたが、危険運転の定義によりイベントとして収集されたデータには、危険とは関係のないデータも多く含まれ、危険運転を扱い日常の教育を行うことは簡単ではなかった。

　普及期、急拡大期は大事故や社会的に問題となる交通事故を背景に、ドラレコの映像記録の機能が見直され、企業、個人双方に普及が進むようになった。これをフォローする形で、従来型のイベント型ではなく運行のすべてを記録する全運行記録型のドラレコが開発され主流となった。また、安全教育という観点では、全運行記録型のドラレコでは扱うデータ量が膨大になり、日常的に危険運転を扱う教育は一層難しくなった。実際には日常の運転データを扱い安全教育を行うことはできず、事後の事故の映像を共有する形式の内容が主となったといえる。ただし、テレマティクス導入企業や一部のドラレコ導入企業では日常の運転データを扱い、安全教育を実施していることもあるが全体の

導入のなかでは少ない。

　このように、ドラレコの普及の歴史を見ると、ドラレコのデータ収集上での課題の所在と対応の推移がわかる。安全教育を行ううえでのデータ収集上の課題は、イベントデータのなかから危険のみを抽出することと、そもそもイベントに留まらず全ての運行を記録することの２つに集約される。前者は普及が進んだ現在でも課題として残るが、後者は普及していくなかで解消された。ドラレコは開発当初から現在に至るまで、その関心は事故やトラブルの記録が大きく、安全教育は事故やトラブル記録の付加的な位置づけから変わっていない。このことが２つの課題の対応につながっている。前者の課題は主に安全教育時に必要なものだが、後者の課題は事故やトラブルの確認に不可欠なものであるからだ。

　ドラレコを活用して安全教育を実践する場合は、このようなドラレコ普及の歴史を理解したうえで、安全教育向けには十分に対応できていないことを念頭に置く必要がある。したがって、安全教育で活用する側に工夫が必要となる。本書ではその工夫を明らかにすることもねらいとしている。

第３章

ドラレコ安全教育の概要

はじめに

　第1章では、交通事故を対象とした企業の安全教育の課題と、その課題解決にドラレコの活用が有効であることを述べたが、第2章では、ドラレコの安全教育への活用をする場合は、ドラレコの特徴や機能、それを扱う企業側にも課題があることを述べた。つまり、安全教育への活用では、ドラレコさえ導入すればよいでは済まないということである。安全教育及びドラレコの双方の課題を踏まえ、安全教育を実践しなければならない。本章ではあるべきドラレコ安全教育のモデルを示し、その内容を解説する。

■ 1 全体像

　ドラレコを導入し安全教育を実践する場合のモデルとして、まず、全体像を図3-1のように示す。

図3-1 安全教育の全体像

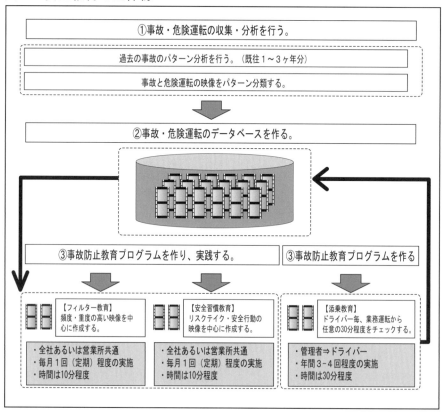

　図3-1では、企業内で発生した事故や危険運転について、一定期間のデータを分類する。データを蓄積し分類をすることにより、企業内にドラレコデータのデータベースを構築することができる。次に、このデータベースから、目的別にデータの抽出と分析を進め教育を作成する。教育は３つの内容を想定しており、１つはフィルター教育、１つは安全習慣教育、もう１つは添乗教育である。

　全体像を理解するうえで重要なことは、企業で収集したドラレコデータを一定期間分まとめて分類と分析をすることである。事故や危険運転について、それぞれ１つずつ事実確認をして、当事者へ指導するというものとは異なる。これは安全教育の目的が企業の全体向けで、教育は日常的に予防を目的としているからである。また、このような分析はドライバー個人への再発防止教育にも役立つ。

　次に教育は複数の内容を想定している。しかも、複数の目的は属性毎ではないことが重要である。よくある企業内の教育は新入社員、全体、事故惹起者などの企業内の属性に合わせて構成されることが多い。しかし、このような属性別の複数の実践では、企業としては年間を通じたスケジュールを組み、日常性があるようにみえるが、実際には属性毎には年に１回程度の教育に留まることが多く、従業員当たりでみれば日常的な教育があるとは評価できない場合が多い。むしろ、属性に拘らず、全体の教育を年に数回分の目的に合わせた構成にして、それらの進捗や実践度に応じて属性を分けて教育を強化、補完する方が合理的であり、日常的な安全教育を実践するために重要と考えたものである。

❷ 分類と分析

　図3-1では、ドラレコ安全教育はデータの分類と分析を踏まえ、教育の作成と実践を行うようになっている。企業のドラレコ安全教育では、ドラレコデータを分類し、分析することが負担となり、結果として、日常的な教育の実践度を引き下げていることが多い。ここでは、データの分類と分析の考え方について述べる。

　企業のなかには、教育をする前にデータの分類と分析をあまりせず、場当たり的な指導に終始していることがある。また、データの分類をせず、分析したつもりになって指導を続けていることもある。さらにはデータの分類はしているが、それに対する分析をせず教育しようと

している企業もある。

　データを分類するとは、同じ目的と方法で収集された一定期間あるいは一定数のデータを対象に、予め設定した基準により項目を設定し、1つ1つのデータを項目に合わせて仕分けすることである。これにより基準となる項目毎にデータの抽出や集計が可能となる。一方、データを分析するとは、予め分類されたデータを対象として、分類に使われた複数の項目や各項目間のデータを詳細に考察し、対策に有用な傾向や特徴を見出すことである。たとえば、「月曜日に事故が多い」というのはデータを集計し曜日ごとに分類した結果そのものといえる。一方、分析では曜日だけではなく、それと営業所毎の事故件数、車種、業務形態などの複数の項目と照らし合わせ、月曜日に事故が多い要因となる内容を考察することである。

　本書では、ドラレコデータの分類は、事故や危険に関するデータを、事故や危険が発生した場所とそのときの自車行動により行う。これによりパターン化ができ、企業により頻度の高いものや重要度の高いパターンを洗い出すことができる。安全教育で重要なことは、無数に想定できる事故や危険の発生パターンから、ある程度の優先度をつけ、具体的パターンを打ち出すことである。

　また、分析では、分類により明らかになった事故や危険の交通環境毎のパターンから、重要度の高いものを見つけ、それらを防止するための方法を検討する。たとえば、信号無交差点の直進時の事故が多く、重要度も高いと評価した場合には、それらを防止するためには、何が有効かをそれぞれの事故や危険データを検索し見つけ出すことである。先の例でいえば、信号無交差点でも、とくに自車優先時での事故や危険が多いことがわかれば、信号無交差点の直進時は、非優先時の一時停止の強化だけでは十分ではなく、優先時にいかに大きな加速をせず、左右を確認するタイミングを作るかが重要となる。

　ドラレコ安全教育では、事故や危険を交通環境毎に明確な基準で分類しパターン化することと、重要度の高いものへの分析を進め、防止に有効な運転方法を見つけ出すことが不可欠である。分類と分析はセットで行うもので、どちらかを行えばよいというものではないのである。

③ データベースの意義

　全体像の中央にはデータベースがある。これはドラレコから収集されたデータを蓄積して分類を済ませたものである。企業では、事故や危険運転のデータを保存していることは多い。しかし、その保存形態は時系列や営業所別による分類であることが多く、教育への再現性が低いといえる。データベースの意義は収集後にいつでもデータを活用して様々な安全教育を行うための材料とすることである。たとえば、時系列でデータを保存していると、教育する側が交差点事故の防止をテーマとしたい場合、該当する過去の事故や危険を時系列に教育する側が記憶していなければならない。このことは、企業内で教育活動を広めることにも支障をきたす。仮に、本社で過去の事故や危険の映像を収集したものを保存していて、各営業所でもこれらのデータを活用して教育をしてよいという環境を作ったとしても、そのデータが時系列の整理だけであれば、各営業所では、すべてのデータの内容を把握していなければ具体的なテーマをもって教育することは難しいことになる。

　筆者はこれまで企業の安全教育の実態を多く見てきたが、具体的で実践的な教育ができていることは少なかった。その要因の一つが、企業内に事故や危険の具体化を図るための共通の物差しを持っていないことであった。企業内で様々な事故や危険があったとしても、それを皆が同じ物差しで内容を理解する手段がなく、結局はそれぞれの事故や危険を扱い、過去に同様の事故があったかやこれからの対策を検討する際にも行き詰まってしまいがちであった。ドラレコを活用した安全教育でも同様のことが言えるので、ここで示したデータベースの構築は安全教育を具体化して実践するには不可欠と考えている。

　さらに、データベースがあることは教育目的の明確化にもつながりやすい。安全教育の現場では、「先月の事故」をテーマに危険の共有を行い、その後の安全運転を強化しようとすることがある。しかし、「先月の事故」は企業内の誰が聞いても、その言葉の意味は分かるが、危険そのものを表すテーマにはならない。したがって、今回の教育以降で、どこで、何に気をつけて、どのような安全運転を心がけるべきかを社内で統一することが難しい。このような場合は、教育というよりも共有としての効果にとどまりやすい。教育は何らかの指針や目指

すものがあり、それに向かい指導を加えていくものと考える必要がある。その意味で、実際の安全教育では「教育」の域に達していることが少ない。

　教育を受ける側では、教育内容を学習する目的と具体的に目指すものが必要である。ドラレコを活用した場合では、それぞれの映像データに意味づけが必要である。たとえば、「Ａ営業所では、この映像は信号無交差点の直進場面であり、しかも自車側が優先時のものであり、年間を通じてヒヤリハットのなかでも頻度が高いパターンです」というように、当該映像の危険内容にどのような意味があるかを明確にすることが重要である。この意味づけのためにデータベースは有効であり、企業内で統一化された基準でデータをパターン化して保存しているので、それらに対して、目的により重みづけをすることで意味づけにつながる。

　これまでの例では時系列に保存された場合を述べたが、加えて、営業所別の保存にも課題がある。もっとも大きな課題は全社展開がしにくいことである。営業所別の保存方法のままだと、Ａという営業所がＢという営業所の映像データを使って教育を行うことが難しい。Ａ営業所ではＢ営業所の事故や危険にどのようなものがあるかを詳細に把握していないからである。また、教育を受ける側でも、Ａ営業所のドライバーが、Ｂ営業所の危険を使って教育を受けるということの意味づけがよくわからないだろう。しかし、企業全体で統一化された基準のもとに、危険の内容により分類されたデータベースがあれば、全社で営業所別に必要なテーマに応じて安全教育を行うことは難しくないのである。

４　３つの教育の必要性と意味

　データベース以降は教育の実践である。教育では３つの教育を準備している。フィルター教育、安全習慣教育、添乗教育の３つである。ここでは、３つの教育の必要性を運転の５段階の考え方をもとに解説し、それぞれの教育の意味を述べる。

（1）運転の５段階

　上記の３つの教育のベースとなる運転の５段階について、そのイメ

図3-2　運転の５段階とドラレコ安全教育モデル

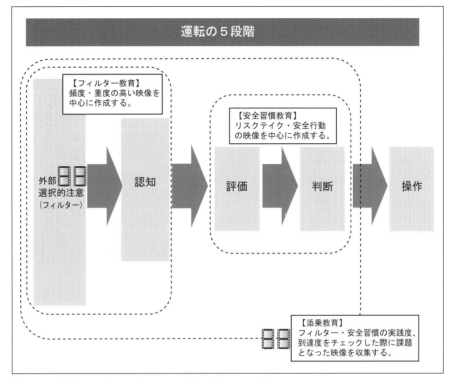

ージを図3-2に示す。運転は一般的に３段階に分けることが知られており、認知、判断、操作の３段階とされるが、運転の５段階は、それに選択的注意と評価の２つの段階を加えたものである。

　選択的注意をわかりやすく説明すると、ヒトは見えるものを見ているのではなく、見えるもののなかから、見たいものを見ているということである。ヒトは自身の欲求や趣向、努力などヒトの意思により見えるものから見たいものを選び、結果としてそれを認知している。つまり、認知行動にはヒトの意思が介在しており、運転中の認知行動も基本的にはヒトの意思により認知する内容が決まるということである。事故防止でいえば、とくに事故が起きやすい交通環境などでの選択的注意は重要で、本来、ドライバーによりバラバラであってはならない。選択的注意をある程度統一化する手段は、交通環境毎に決められた安全確認をすることである。安全確認はまさに見えるものから見たいものを選ぶ過程そのものであり、見たいことと安全確認が一致すればよいのである。

　次に判断の前の評価を説明すると、ヒトは判断の前に必ずそれぞれ

の事象の評価をしている。運転でいえば、操作をする前の判断では、必ずリスクの評価をしている。たとえば、信号のない交差点において自車が非優先の状況下では、必ず一時停止をしなければならない。しかし、ドライバーが道路交通法を軽視し、これまでの運転経験を過信し、事故に遭うリスクを低く見積もれば、その後の判断は停止をせず直進してしまうことになるかもしれない。事故防止の観点からは、道路交通法の遵守はもちろんだが、常に走行している交通環境のリスクを適切に見積もり、常に事故や危険に遭わない適切な判断に結びつけなければならない。

　このように、認知の前に選択的注意があり、判断の前に評価があり、認知と操作の段階を終える。最後の操作段階では、認知や判断に関係なく単純に操作のみを間違えることもしばしばある。これについては、最近では高齢ドライバーの事故が取り沙汰されることが多い。駐車場でアクセルとブレーキを踏み間違えて施設に突っ込んでしまうなどが典型的な事故例である。このような場合、駐車場内での認知、次の操作への判断が適切であったのに、最後の操作のみ間違ったものを操作ミスの事故と考える。

　操作ミスと言われている事故については冷静な分析が必要で、すでに操作の前の認知や判断段階でミスやエラーが起きていて、結果として操作ミスも併発して事故になったということも少なくない。たとえば、走行中に左側の縁石に接触してしまい、そのショックでパニック状態になり、アクセルを踏み込んでしまい、さらなる事故につながるようなケースなどが想定される。このような場合は走行中の縁石に対する認知行動でミスをしており、これがなければ次の操作ミスもなかったであろうと考えられる。こうした事故は単なる操作ミスによる事故ではなく、認知ミスも併発している複合的な事故と考えなければならないだろう。

（２）３つの教育の意味

　運転の各段階と事故の直接的な原因との関係を調べると、選択的注意から認知までの認知段階が全体の事故の60％、評価から判断までの判断段階が30％、操作段階が10％程度と考えられる。これを踏まえると事故防止や再発防止のための安全教育も、上記の原因の分布に合わせた強化が必要である。３つの教育では、事故原因の60％を占める認

知段階に対応したものをフィルター教育としている。これは事故が起きやすい環境下での安全確認の強化を行うもので、認知の前段階である選択的注意を適切にできるようにすることを目的としたものである。また、事故原因の30%を占める判断段階に対応したものを安全習慣教育としている。これは判断の前段階である評価を適切に行えるようにすることを目的としている。事故原因の残りの10%を占める操作段階に直接的に対応するものは準備していない。事故原因の比率が低いことと、操作ミス防止そのものはドラレコ映像を活用して強化することが難しいからである。3つ目の添乗教育は、主にフィルター、安全運転習慣の教育内容が、実際にドライバーの運転行動に反映されているかをチェックするものである。次項より、3つの教育のそれぞれの詳細について述べる。

5 フィルター教育

　認知段階に対応し、とくに適切な選択的注意を行うことを目的としている。ヒトの認知は前述のように、見えるものをすべて漏らさずに認知しているわけではなく、見たいものを意識して認知している。したがって、事故防止の観点からは、意識して見るものは何かが重要である。事故が起きやすい交通環境で、ドライバーが意識をして見るということは、事前の安全確認ということになる。とくに企業内で事故が頻発している事故や危険のパターン、または重大事故につながったパターンなどを特定して、それらに対する安全確認を運転中に行う選択的注意として意識することは事故防止に直結する。しかも、選択的注意を含む認知段階に事故の原因があるものは全体の60%を占めるわけで、教育のなかでもとくに重要な内容と考えなければならない。

　フィルター教育は、以下のようなプロセスにより作成することができる。

```
フィルター教育の作成フロー

１．企業内の過去の事故分析
２．企業内の過去の危険運転分析
３．上記１.２のなかから、高頻度の事故・危険パターンを抽出する。
４．上記１.２のなかから、高重度の事故・危険パターンを抽出する。
５．高頻度、高重度の交通環境の映像と、それぞれに必要な安全確
　　認励行を含む認知段階のミスを防止する教育内容を作成する。
```

前述のように、事故が多い交通環境の特定と、それらの環境で行うべき事前の安全確認を具体的に明らかにすることが重要である。
　また、内容の構成は次のようになる。

内容の構成

１．当社の事故パターンの分布
２．当社の危険運転の分布
３．上記１．２のなかで高頻度、高重度のパターン
４．パターン毎、安全確認フロー、事故防止のポイント

　フィルター教育は事故原因の多くを占める運転段階であるため、原則として、対象は全従業員である。しかも定期的、かつ、日常的に行う必要がある。前にも述べたが、日常的に行うレベルは少なくとも毎月１回以上と考え、実施する時間については企業の許容する時間を当てて、少ない時間しか当てられない場合は頻度を増やす工夫をしなければならない。

6 安全習慣教育

　判断段階に対応し、とくに運転の５段階のうちの評価段階で、いつも適切なリスク評価ができることを目的としている。ヒトの判断は必ずその前に何らかの当該事象への評価を伴う。評価に基づいて判断内容を決めているわけである。事故防止の観点から大事なことは、交通環境のリスクを適切に見積もり、リスクの評価を必要以上に低くしないことが求められる。
　しかし、実際にはリスクを低く見積もり事故や危険につながるケースは多い。以下に教育の内容の考え方を示す。フィルター教育は事故や危険のうち、頻度と重度が高いパターンを学習することで、自社の対策優先度の高い交通環境に対する安全確認などの運転行動を決め、それを実践することにある。これに対して安全習慣教育は交通環境に関係なく、自社の従業員のリスクの見積もりが低いために安全運転が実践できず事故や危険になったものを対象とする。言い換えれば、自身のリスク評価が甘いために、危険を自ら招き入れてしまったものといえる。このような事故や危険は次の５つの項目に代表される。

```
┌─────────────────────────────────────────────┐
│        評価が甘く危険を招く運転行動（含む違反）         │
├─────────────────────────────────────────────┤
│  １．信号無視                                    │
│  ２．自車非優先交差点・不停止                        │
│  ３．自車優先交差点・加速                           │
│  ４．認知可能な危険への回避遅れ（含む脇見）             │
│  ５．他者（車）への配慮不足                         │
└─────────────────────────────────────────────┘
```

　上記のような運転行動は違反行動も含まれるが、危険の想定が十分にできておらず、リスクを取る、あるいは違反行動をする判断につながったものである。上記のうち１と２についての説明は不要と考えるが、３以降について簡単に補足をする。

　３の自車優先交差点・加速というのは、自車優先時なので停止の義務はない。しかし、左右から停止をせず進入、横断する他車（者）の想定は必要である。このリスクの見積もりを高くすれば、少なくとも加速行動を避ける意識につながる。

　４の場合、ドラレコのヒヤリハット映像にはよく見られるもので、実際に映像を確認すると、実際の対象となった危険が、たとえば前車、側方二輪車、並行する歩行者などのように、ヒヤリハットになる前にすでにドライバーが認知できていたものを指す。この場合は、本来、事故や危険になる前に早めの危険回避をしなければならないし、危険回避ができたはずのものと言える。しかし、脇見などによる不確認や自分勝手な運転をしたりすると、不安全な状態が作られ、すぐさま危険回避の遅れにつながる。

　５については、４の中に入るものが多いが、その原因がとくに他者（車）への配慮不足として評価できるものを４の内訳としている。実際には４の映像は不確認であることが多いが、いわゆる「譲らない運転」や攻撃的な運転のこともある。この場合は企業の姿勢としてすぐに修正をしなければならない。企業の社用車を使い業務中に運転をする場合、それはすべて企業活動である。企業は自社の行動規範として、他者（車）に迷惑をかけるような行為やマナーに反する行為は厳に慎むとしなければならない。したがって、４のなかに含まれているものであってもあえて取り出し、また、４に関係のない他者（車）への配慮不足による事故や危険データも集め教育の対象とする必要がある。

　このようにして集めたデータを教材として、安全運転習慣を養成す

るための教育を行う。内容は上記のような5つのカテゴリー別に映像を分け、それぞれのカテゴリー別に再発防止の強化指導を行うことはもちろんだが、さらに重要なことは、自らがリスク評価を誤るとすぐさま事故につながる危険な状態になることを社内に徹底することにある。したがって、対象についても、事故や危険を起こした当事者のドライバーだけではなく、適切なリスク評価を行うことの重要性は全体に向けても行うものとする。

７ 添乗教育

　フィルター教育と安全運転習慣の2つの教育を全体向けに据えた。もちろん、それぞれで扱った事故や危険のそれぞれについては、それぞれの当事者ドライバーへの再発防止教育を行うことが前提である。これらの2つの教育により、企業内のドライバー全員に対して、企業内の事故の90%を占める事故を対象に、それらを防止するために押さえるべき内容を明確にすることができた。

　次に重要なことは、企業内で定めた安全運転に必要なことが、それぞれのドライバーの日常の運転行動で実践ができているかどうかである。これを確かめず教育を終えてはならない。教育はあるべき姿にリードし、あるべき姿に変えていくことであり、必要なことを教えただけでは教育とは言えない。教えたことの実践度や到達度をチェックすることにより、あるべき姿へ近づき始めるもので、教えることとチェックは常に車の両輪のように考えて双方を実践しなければならない。

　添乗教育はドラレコを活用して運転チェックを行うものである。実際に添乗をすることを前提としていない。むしろ、実際に添乗をしなくても、ドラレコを活用すればそれと同等の効果を期待できると考えるものである。一方で、教育した内容の実践状況や到達状況を、毎日、全員、全運行分を行うことは理想だが現実的ではない。この点はドラレコを活用した添乗教育でも同じことである。

　従来のドラレコを活用した運転チェックでは、ドライバー毎の運転中に起きた急操作を対象にしてチェックすることが多い。もちろん、運転中の急操作はチェックして内容の確認をする必要があるが、急操作を見れば、これまで述べた2つの教育の実践度と到達度をすべてチェックできるわけではない。

　添乗教育では、フィルター教育や安全運転習慣教育を実施した内容

に準拠したチェック内容で行うものである。実際の添乗教育では、添乗する管理者が予めドライバーの運転チェックをするためのチェックポイントを準備している。これと同様で、２つの教育を通じて重要なチェックポイントを設定する。これはチェックポイントでもあるが、ドライバー向けの安全運転のための実践目標でもある。このようにして、企業内の重要なリスク対策を網羅した安全運転のための実践目標をもとに、ドラレコを活用して運転チェックをすることで、それらの実践度と到達度を高めることができる。以下に添乗教育の作成フローを述べる。

```
┌─────────────────────────────┐
│          添乗教育のフロー          │
├─────────────────────────────┤
│  １．企業リスクを反映した全体教育の実施   │
│  ２．教育内容に合致したチェックの作成    │
│  ３．ドラレコを活用して、２をチェックの準備 │
│  ４．全員を一度に行わず、一部を定期的にチェック│
│  ５．添乗結果から個別課題、全体改善の課題を見出す│
│  ６．５の対応をする              │
└─────────────────────────────┘
```

　ドラレコを活用して添乗チェックをする場合、もっとも負担になるのはチェックする側（主に企業の管理者）に時間がかかることである。この負担には前提があり、それは全員を、全運行分、毎回チェックしなければならないということである。確かに、管理者が一度に所属するドライバー全員の全運行分をチェックすることを考えれば負担は大きい。しかし、この添乗教育プログラムでは全員の全運行分のチェックを一度に行うことはせず、一部（一人ずつ）を定期的に行うことを前提としている。

8 教育を行うための準備

　企業内での取組みは安全教育に限らず、実践する内容への理解を全社的に得る必要がある。具体的には経営層、管理層、一般従業員層である。ここでは企業内の実践において、社内で理解を得るポイントを目的の合理性、内容の必要性、実施の負担感、期待効果の４つを要件として、それぞれについて説明をする。

（1）目的の合理性

　企業が事故削減や事故防止に取り組む際は、自社の現状や目指すべき事故状況を把握するために事故削減に関するベンチマークが必要となる。ベンチマークを設定するためには、交通事故に関する統計資料を調べることになるが、主な交通事故に関するデータは次の3つになる。

主な事故データの種類と概要

① 警察の事故統計
　事故当事者より警察へ届け出があった事故が対象となり、主に対人事故と対物事故の集計となる。企業統計などはない。
② 損保会社の事故統計
　企業の場合、契約損保会社から入手することができる。事故の対象は自動車保険の支払い対象となった事故となり、対人、対物の他に自損事故も含まれる。また、企業別、業種別の企業統計も準備できることが多い。ただし、当該損保会社1社分のデータとなるため、実勢と大きく異なることはないが、交通事故のすべてを網羅しているわけではない。
③ 業界団体等の事故統計
　企業が所属する業界団体では、その業界により取組みは異なるが、交通事故の統計を持っていることがある。この場合は、団体に加入している企業からの情報提供を受けて算出しているものが多く、事故の対象も団体により異なる。また、事故そのものの定義も確認する必要がある。

　これらのうち、企業の事故を一定以上に反映しており、比較的入手しやすいものと考えられる損保会社のデータを活用する。損保会社の事故データは、前述のように各損保会社により、データの種類や形式、内容が異なる。ベンチマークに使うものは、損保会社のデータのなかの事故発生率で、これは対人、対物、自損事故の件数を自動車保険の契約台数で除したものであることが多い。たとえば、特定の損保会社の調べによるものを用いて白ナンバーの企業の事故発生率を対人・対物合わせて7％程度とする。これは対人事故発生率が1％程度、対物

事故発生率が６％程度として、その合計とした。

　したがって、この白ナンバー企業の平均を上回る場合は、まずは現状からの事故削減を平均レベルまで落とすことを目標とすべきであろう。一方、この企業平均を下回る事故発生率の場合は、自社が平均よりも低いことを社内のドライバーに共有したうえで、今後の事故防止をどのように取組み、何を強化すべきかを検討するとよいだろう。大事なことは、自社の事故状況のレベルを客観的に示すことなく、実現性の根拠があいまいな事故ゼロなどの事故削減目標を設定することは合理性を欠き、企業内では実践のためのモチベーションが上がらず、十分な成果につながらないこともあるので注意したい。

　また、損保会社の事故データを扱う場合、自損事故の発生率については注意が必要である。実際の自損事故の事故発生率を企業群の平均などで掴むことは極めて難しい。なぜならば、損保会社のデータは保険契約内の事故を扱うため、対人、対物などほぼすべての企業が加入している項目に比べ、自損事故の場合は必ずしも保険加入されているとは限らないからである。その付保率は、加入をほぼ前提とできる対人、対物と比べてかなり低い。したがって、損保会社が自社の契約内容から企業の自損事故の状況を知ることは困難と考えられるため、ベンチマークを設定する場合は参考値程度に留めることが望ましいだろう。

（2）内容の必要性

　共有と強化というキーワードを使って説明する。事故や危険の映像を取り出し、職場の全員に見せる。これは過去にあった事故や危険の共有である。共有は事実をありのままに関係者に伝えることができるが課題もある。事実の受け取り方がそれぞれで異なるからである。端的に言えば、「他人事ではない、気をつけよう」と思うドライバーもいれば、「このような危険を起こすはずがない」と思うドライバーもいる。結果として、その後の運転行動では前者は慎重になり、後者はほとんど変わらない可能性が高い。とくに後者のドライバーの運転に問題がある場合は改善効果を望むことは難しい。

　一方、強化では、共有だけではなく、たとえば、次のような内容を含む。「いま、共有した映像は社内で繰り返し発生している重要度の高いものです。対策は次のように実施してもらい（中略）、社内では

その実践状況や事故状況の推移をチェックするようにします」。つまり、ドラレコ映像の内容の共有に加え、映像の意味づけ、具体的な対策の提示、実践状況のチェックまでをカバーしているということである。強化の場合は、教育により現状からあるべき姿へ改善を行うものである。

　したがって、企業の事故防止活動は、映像の共有段階で見られるドライバー個人それぞれの受け止め方で内容を留めず、強化の段階で見られるような、企業内の取組みにより、決められたあるべき方向へ企業単位で改善する方向に進むように仕向けなければならないのである。

（3）実施の負担感

　正しいこと、必要なことは理解されても、その実践に膨大な時間と手間がかかることは現実的ではなく、実践のための企業内のコンセンサスを得ることはできないだろう。企業活動には安全活動だけではなく様々な重要な活動があり、安全活動だけを優先し必要な時間はすべて実践するというわけにはいかないだろう。実践に当たっては、関係部署との確認のうえ、許容される教育時間、量を正確に見積もることが求められる。また、安全活動は１回あたりの時間を一定時間以上とする縛りを設ける必要はないだろう。１回あたりの時間よりは、活動そのものの継続のほうが重要である。

（4）期待効果

　期待効果は安全教育により実現できることから想定しなければならない。具体的には現状からの事故削減、今後の事故防止を期待効果として想定できる。また、本来的には従業員が安全教育によりそれぞれの安全度が引きあがることを目標とすべきである。つまり、期待効果は安全を重視し、そのための具体的な行動を実践している状況を企業内に作ることである。ところが実際の企業の現場では、このような期待効果を想定していないことが多い。次頁に挙げるのは想定されやすい、好ましくない期待効果である。

好ましくない期待効果

・事故をゼロにする（ゼロ宣言）
・対人事故をなくす（特定事故・事故種別）
・追突事故をなくす（特定事故・事故パターン）
・省エネ効果、保険料（コスト化）
・安全運動期間中の無事故（期間中）

　上記の５つの効果設定について、なぜ想定されやすく、好ましくないかを解説する。

①事故ゼロにする（ゼロ宣言）

　事故をゼロにするなどの事故ゼロ宣言は、事故対策を簡単に考えている企業が設定しやすい。なぜならば事故ゼロは当たり前だと思っているからである。企業内の活動のなかで一定期間を無事故で終えることは簡単ではない。様々な従業員、様々な業務環境、運転環境、その時々の交通環境や相手により事故リスクをゼロにすることは不可能である。交通事故は自身が速度と車間距離を適正にして走行していればかなうものではない。自身の心理的状況と自身の身体的状況などから自身の安全運転レベルが決まり、その時々の業務状況や交通状況により安全運転を揺るがす要素が生まれ、自身や相手の対応により事故やリスクが回避できるかどうかが決まる。つまり、その時々の自身以外のリスク要素が事故を起こすかどうかを左右しかねないのである。企業は事故に対して謙虚になり、安易に事故ゼロなどの言葉を期待効果に使うことは相応しくない。

②特定事故（事故種別）

　「対人事故をなくすこと」、「重大事故をなくすこと」など、事故の種別でゼロ宣言をすることである。これも事故ゼロを簡単に実現できると考えている企業が多く設定しがちなもので、かつ、事故種別にすることで、より合理性を欠くことになる。つまり対人事故をなくす具体的な取組みなどは存在しないと考えるべきである。対人となった事故は、そのときの状況により対物事故にもなるし、自損事故にもなるし、ひいては無事故にもなる。つまり、事故種別は結果からの分類であって、後から実現に必要なプロセスを割り出すことがほぼ不可能

73

である。このように必要なプロセスを割り出すことができないものは期待効果に設定すべきではないのである。

③特定事故（事故パターン）

「バック事故をなくす」、「追突事故をなくす」などである。これは事故時の交通環境に共通性があるため、後に事故防止を実現するための必要なプロセスを割り出すことは可能である。したがって、安全教育の合理性はある。しかし、企業単位で実践するための優先度や重要度で合理性があるとは限らない。よくあるのは、追突による重大事故が前月に発生したので、今月は追突事故防止を実践するというものである。確かに前月に重大事故は起きているが、一年を通じての頻度や重要度を検討すれば、追突事故になるかどうかはわからない。特定事故に絞った対策の強化は、企業内の事故状況を俯瞰したうえで対策優先度が高いものかどうかをチェックする必要があるだろう。

④省エネ、保険料（コスト化）

「省エネ運転をすれば事故はなくなる。」、あるいは「事故が減れば損害保険の自動車保険料の節減につながる。」などである。これは安全教育の先にある事故削減や事故防止をコスト換算してしまうことであり、主に経営者のニーズといえる。このニーズは安全教育を実践することを簡単に考え、安全教育にコストをかけないことにもつながる。省エネ、保険料以外でも実際の教育時の運用でも、たとえば、安全教育は業務時間外に行い、参加も任意として、教育時間に人件費をかけないようにすることもある。これでは企業内で日常的に安全教育を実践しているとは評価できない状況である。事故防止をコスト換算すること自体、経営者ニーズを従業員へ押しつけるようなものであるが、それだけではなく、さらに安全教育にコストを認めないことにもつながるので注意したい。

⑤安全運動期間中の無事故（期間中）

企業内に安全運動を強化する期間を設け、その期間に無事故を期待効果に設定することである。企業内で安全運動を実践することはよいだろう。ただし、この目的は安全運動を強化するためのものであり、この期間だけをとくに無事故にすることを目的とすることではない。安全運動の強化とは、年間を通じて実践している安全教育のなかでとくに強化したいことや、なかなか日常では取組みができないものを補完することが主眼である。しかし、企業のなかには実質的に安全運動期間以外では、ほとんど安全教育をしていないことが少なくない。つ

　まり安全教育のイベント化である。このことも安全教育を簡単に考えてしまう企業に多く見られる。日常的な安全教育を前提としているものの、企業では、一応、年間の教育計画を設定していても、実質的には特定期間に活動を集中してしまうことがある。企業では特定期間の安全運動の意味を取り違えないようにしたい。

　上記のような設定しやすい、好ましくない期待効果の設定には共通することが３つあり、それらは

①事故防止や安全教育を簡単に考えている

②実践のプロセスに合理性がない

③実践の優先度・重要度に合理性がない

ということである。これらは企業の安全教育・事故防止への取組み姿勢を反映しているもので重要である。

第4章

【実践】
ドラレコ安全教育の準備

はじめに

　前章までの内容は、本書が目指すドラレコを活用した安全教育の内容を全体像から考え方までを述べ、加えて現状のドラレコ安全教育の課題もまとめた。本章以降では前章までの内容を実践するための具体的な方法を中心にまとめる。また、実際の教育時に活用できる安全教育の考え方も随所に入れることとする。まず実践では以下のような工程を想定している。

【ドラレコ安全教育の工程】
1．ドラレコデータ（映像及び運転データの双方）の収集
2．映像データの分類
3．重点教育内容の策定
4．教育方法の策定
5．教育の実践
6．実践度・効果の検証
7．課題の抽出と改善

　工程のそれぞれはＰＤＣＡサイクルを構成する要素でもある。本章以降では各工程の実践のための実務の詳細を述べるが、本章では工程のなかの１～２について扱う。
　上記１～２のドラレコデータの収集と映像データの分類については、さらに次の３つの内容により解説を進める。
1．収集形式
2．保存形式
3．分類方法

1 収集形式

　ドラレコは車載機器であるが、収集されたデータは車内ですぐに確認することはできない。ドラレコ本体から専用ソフトが入ったＰＣへ移す必要がある。通常、データはドラレコのなかにある記憶装置を介して、メモリーカードなどにより、ドラレコからＰＣへ移すことになる。最近では、通信型ドラレコも開発され、ドラレコ内のデータを通信で送る仕組みもあるが、その普及はまだ一般的とは言えないため、ここではメモリーカードなどによりドラレコからＰＣへ移す方式を前提とする（以下、この方法をメモリーカード方式とする）。

　メモリーカード方式の場合は図4-1のようなデータ収集のフローとなる。ドライバーがその日の運行を終えると、ドラレコに入れておいたメモリーカードを抜き、そのまま営業所の専用端末にデータを移す。本来は1日の運行を終える毎にデータの移し替えをするのが望ましい。しかし、企業の現場では、データの移し替えを毎日行うケースは少なく、事故やクレームがあった際に内容を確認するために移すことが多い。また、メモリーカードは、その容量に限りがあるため、通常は一定のデータ量を超えるとデータが上書きされてしまう。現状のドラレコは全運行記録型が一般的なため、1日の運行でも収集されるデータ量は非常に多い。ドラレコ機種にもよるが、数日の運行を終えると、ドラレコデータは運行のすべてを保存しておらず、一部のデータが上書きされていることが少なくない。つまり、一般的なドラレコは1日の運行毎にデータの移し替えをしないと、多くのデータが消失してしまう可能性があるということである。ドラレコ導入企業は、まずは1日の運行を終える毎に、ドライバーからデータを収集することを前提としなければならない。

図4-1　データの収集

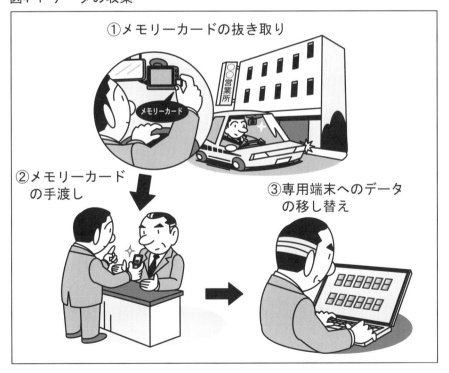

2 保存形式

（1）保存の目的

　収集されたデータは保存しなければならない。ドラレコ導入企業の多くは、事故や危険運転のデータを企業内で保存していることが多い。その場合の保存形式は、時系列の営業所別である。これは第3章のデータベースの意義の項でも述べたが、安全教育を実践するうえでは課題がある。データの再現性が十分ではないからだ。

　安全教育を行うことは、安全運転や事故防止のために何らかの強化を行うことである。そのためには、教育のテーマと具体的内容が必要である。しかし、データを時系列や営業所別に保存していると、まず教育のテーマを設定することが難しい。毎回のテーマが「今月の事故」や「A営業所の事故」という具合である。これでは安全教育により強化する具体的なものが見えず、その後のドライバー行動にも影響を持続させることが難しい。

　保存形式はドライバーから会社のサーバへ移す段階では時系列、営業所・ドライバー別の保存で構わないが、それ以降は各データを記号化する必要がある。記号化とは、各データの内容を社内で共通の認識が持てるようにするための定義や基準のようなものである。たとえば、12月のA営業所の事故データという括りだしをするのではなく、信号無交差点の事故対策をするものとして括りだしをすることであり、そのためには各データが事故や危険の内容を表し、しかも社内の誰もが共通の認識を持てるものでなければならない。その際の記号化が事故や危険のパターン分類である。詳細は次項3の分類方法で述べるが、データのうち、とくに映像データを交通環境毎にパターン化することである。これにより、教育テーマを設定することが容易になり、さらに、営業所間での映像活用も容易になる。このことはドラレコ安全教育を大きく変えるものだが、より教育を本質的にするものとして不可欠である。

（2）収集段階と活用段階

　保存データの種類を簡単に述べておく。データの種類は、共有や教

図4-2 保存データの種類

育などの目的に応じて変化する。図4-2にそのイメージを示す。

　ドライバーから社内端末までの段階、言い換えればドラレコからＰ
Ｃまでの段階はメモリーカードの状態となる。つまり、日付、営業
所・ドライバー毎の全データである。この段階はデータの収集段階で
あり、ドライバーがデータ収集の習慣を確実に実践できているかをチ
ェックすればよい。

　次に、社内端末から、社内のデータベースにデータを移す作業であ
る。この段階は収集段階から教育への活用段階に移っていると考える
とよい。また、活用段階では、ドライバー毎の全データから、次のも
のだけに限定して収集することになる。

【データベースに入れるデータの種類】

１．事故データ

２．危険データⅠ（ドラレコソフトにより自動的に検出された危険運
　　転のデータ）

３．危険データⅡ（ドライバーの申告により抽出した危険運転及び周
　　囲で発生した危険のデータ）

４．良い運転データ

　上記の４つのデータは、社内の安全教育を行う際にいずれも重要で
ある。まず事故データは言うに及ばないだろう。危険データⅠは、ド
ラレコソフトにより自動的に検出された危険運転に関するデータで、

段差など結果的に危険とは関係のなかったデータを取り除いたものである。このデータの収集は管理者が行わなければならない。危険データⅡはドライバーにより申告のあった危険データである。この場合の危険は、ドライバー自らが起こした危険だけではなく、走行中に周囲で発生したものを含めて収集する。さらに、良い運転データはうまく危険回避できたものや社内で奨励する安全運転がよくできているデータのことである。これはドライバーからの申告をベースとするが、管理者もデータチェックのなかで注意して集めることが必要である。

　このようにドライバーから収集したデータのなかから、上記の4種類のデータを抽出し、それらについては記号化する。記号化は次項で述べるが、交通環境毎にパターン分類をする。読者のなかには、ここまでを理解したうえで、「データ収集と分類のために、こんなに時間をかけることはできない」と思ったかもしれない。しかし、それは営業所内の全員分、毎日の全データを対象としていないだろうか。それは確かに大変である。ここでは、以下の表4-1のように考えている。

表4-1　収集データ

1	事故データは全データを収集
2	危険データⅠは一部データを収集
3	危険データⅡは全データを収集
4	良い運転データは全データ収集

　表4-1にあるように、4つのデータのうち、3つのデータは全データを収集することを前提にしている。しかし、その3つのデータは事故データとドライバー申告によるもののため、管理者側の手間はそれほど多くない。4つのデータのうち、もっとも手間がかかるのが危険データⅠである。これは、ドラレコからデータを収集後、解析ソフトにより衝撃の大きかったデータが自動的に抽出される。しかし、このなかには危険とは関係ないデータが多く含まれているため、これを取り除かなければならない。この作業は時間がかかるため、予め週単位で抽出と分類時間を設定する。これにより、週単位で対象とするドライバーを変え、以降は順番にドライバー毎にチェックすればよい。たとえば、A営業所の管理者は直属のドライバーを10人抱えているとすれば、10人の部下を3～4つのグループに分け、週当たり2人から3人ずつのデータを対象に、危険の洗い出しをすればよいということである。この方法には疑問や異論を唱える読者も多いことが想定される

ため、次のコラムと次項のデータ分類のところで考え方などを詳しく
述べる。

（３）保存の在り方（まとめ）

　データの保存では、その目的により段階に分けて保存形式を変える
必要がある。データの収集段階ではメモリーカード方式でよい。メモ
リーカードの識別単位となる時系列、営業所別、ドライバー別である。
次に活用段階では、データを絞り、パターン分類を行う。データの絞
り込みは、事故、危険Ⅰ、危険Ⅱ、良い運転であった。さらに、この
うち、危険Ⅰについては一部データ収集とすることで収集の負担を軽
減することも重要である。

| コンサルティングの現場から | 安全教育の論点　３ |

データ収集

　筆者はドラレコ導入企業から「どうしたら事故を減らせるか」と聞
かれることが多い。このときにまず話すのは、運行毎のデータ収集の
習慣作りである。ドライバーがメモリーカードを抜き差しして、１日
の運転業務毎にデータを営業所のサーバに移すときに、当日の運転中
に危険や異常があった場合は、必ず報告するという習慣である。この
習慣は日常的な安全教育を継続するためのエンジンのような機能を果
たす。
　ドライバーから報告があれば、管理者はチェックするようになる。
報告があった内容を他のドライバーへ共有することで、別のドライバ
ーが報告をするようになる。報告をするドライバーが増えると、管理
者は安全教育をしなければならないと思うようになる。こうして日常
的な危険や異常の共有が始まるようになるのである。また、ドライバ
ーと管理者の双方向により教育ができるようになる。ドライバーから
の報告は当初は少ないかもしれないが、管理者は根気よく報告するこ
とを義務づけることが重要である。
　事故を減らすための教育は、日常的に予防のための内容を継続しな
ければならない。日常的、予防、継続がキーワードになる。この３つ

のキーワードが込められた安全教育にこそ、データ収集の習慣がもっとも重要な役割を果たす。まず、日常的ということは、日常の業務のなかに無理なくあるということである。データ収集の習慣があれば、それを基にした安全教育が日々行われることには違和感はないだろう。次に予防という観点では、予防に役立つ情報が必要である。管理者側が事故情報だけを頼りに考えても限界がある。ドライバー側からも危険情報がたくさん提供され、それらに対する予防を管理者とドライバーで一緒に考える前提が必要である。さらに、継続という意味でも、管理者とドライバーの双方が安全教育へモチベーションを持っていることが重要である。この点、データ収集の習慣があれば、それらを基に双方が関わりを持つきっかけが作れるので継続しやすい。

　ドラレコを活用して事故を減らす考え方は難しくない。しかし、実践が難しい。ここでも、データ収集の習慣作りを全社に毎日徹底するのは容易ではない。しかし、ドラレコを導入して事故を減らし、事故率も低く安定している企業は、データ収集の習慣作りができていることが多い。ドラレコを導入する際には、データ収集の習慣をどの程度作れるかをシミュレーションして、社内の関係部署とも協議をすることは極めて重要であると言える。

3 データ分類

　前項の保存形式のうち、活用段階におけるデータ分類方法について詳しく述べる。データを主に交通環境別にパターン化し、危険の内容により、データ保存後にデータを引き出すことができるようにするためのものである。その前に、活用段階のデータ分類では、対象を全ドライバーの全運行を前提としていない。とくに対象とする４つのデータのうち、危険Ⅰに関するデータは当初より一部データを対象とするものである。まずは安全教育におけるデータの網羅性について述べておく。

（1）データの網羅性について

　活用段階は全体への教育活用を第一と考えている。全体教育で必要

なことは、自社のリスクの全容を捉えているかどうかである。ドライバー毎のファクトの詳細を分析する必要はない。一方、ドライバー毎の勤怠や労務状況を詳しく調査するならば、当該ドライバーの全運行データを漏らすことなく対象として分析する必要があるだろう。

　企業の現場では、全体への安全教育を主とする活用段階で必要なデータと、個人の詳細分析で必要なデータを同一視していることが多い。まず、企業では、目的により収集すべき、あるいは対象とすべきデータは異なることを理解する必要があるだろう。これを理解しないままに、ドライバーのデータ分類をすることは大変で実践できないと考えてしまうのは早計であることを述べておきたい。

（２）データ収集のガイドライン

　活用段階におけるデータ収集は全部データではなく一部データでよい。たとえば、ドライバーが10人の営業所で全体教育を毎月1回行うとすると、所属ドライバーのデータチェックは毎週1回、1人～2人を継続すればよい。4週間で4人～8人のデータをチェックしたことになり、全体教育を行う上で十分である。また、1人当たりのデータチェックも急操作などのイベントデータを中心として、当該ドライバーからの申告も合わせて行うとよいだろう。データチェックの目安は、営業所内のドライバーの2割以上を、それぞれ1週間分のイベントデータ中心と考えればよいだろう。これが4週間分集まれば、毎月の全体教育は無理なく実践することができる。

　また、実践では営業所の規模により、取り扱うデータの規模も変わる。しかし、たとえば、1人の管理者に対して30人のドライバーのデータを扱うというのでは無理がある。1人の管理者がドライバーのデータを直接見ることができるのは10人程度と考えるとよいだろう。したがって、10人未満の営業所であれば、管理者がデータを直接チェックする体制でよいが、10人以上となる場合は、営業所の中でグループ分けを行い、各グループにリーダーを置き、グループリーダーが所属ドライバー分のデータチェックを行い、管理者はそれらのチェック内容の取りまとめと全体教育の内容を作成する役割を担うことがよいだろう。図4-3では、規模の大きい営業所を想定して、ドラレコのデータチェックと教育内容作成の役割分担のイメージを示した。

図4-3 ドラレコのデータチェックと教育内容作成の役割分担

分業体制

　企業の安全教育の担い手は常に管理者である。これは正論だが、実際には管理者だけで教育を実践しきるのは難しい。管理者への負担が大きく、実際には管理者自身が教育を担え切れなくなり、安全教育が頓挫してしまうことが少なくない。ドラレコを活用した安全教育も同様である。

　管理者自らはデータチェックを行い、教育内容を検討し、教育を実践することは必要である。しかし、管理者が単独で実践しきるのではなく、安全教育スタッフを体制に入れることが有効である。ドラレコ安全教育の場合は、データチェックと分類部分にもっとも業務負担がかかる。したがって、本文でも示したが、グループ制を採ることを奨励したい。自らデータチェックを行う規模を10名未満として、それに見合ったグループを設定するのがよいだろう。各グループにはリーダーを任命し、役割はデータ収集の習慣ができているかをチェックし、

加えて、実際にグループメンバーのデータチェックを行い、月単位で１回以上は全員のデータチェックができていることを前提とする。

　安全教育は関係者をなるべく増やしておくことが望ましい。グループ制を敷くことにより、管理者と各リーダーとの間で教育内容の検討が行われるようになるし、各グループの課題も共有されるようになる。さらに、グループ間でも改善に向けた競争意識が生まれ、営業所内の活性化にもつながる。しかし、実際には管理者がデータ管理から教育の実践までを１人で請け負っていることが多い。結果として、データチェックを諦めてしまい、教育の材料となるデータが不十分なため、教育も社外講師に委ねてしまうことになる。この状態はデータチェックを諦めてしまったことから始まっている。しかし、データチェックを教育用に割り切り、分業制にすることにより、データチェックを諦める必要はない。この課題を越えれば、教育材料も整備され、自社のリスクを営業所全体で共有し、リスク低減のための活動にも取組むことができるのである。

（3）分類法

　データの分類は活用段階で必要になる。管理者からドライバーまでが、共通の基準でデータを見ることができるようにして、教育の再現性を高めるためである。再現性とは、１つのデータをその直後の当事者教育だけに使うのではなく、全社の教育や営業所間でデータ活用もできるようにすることである。

①パターン分類

　分類では交通環境毎にパターン化する。事故や危険を交通環境により特定し、把握をするために、事故や危険の発生場所とその際の自車行動を活用する。表4-2では発生場所の分類項目、表4-3では自車行動の分類項目を示した。

表4-2 発生場所の分類項目

発生場所	内容
駐車場・構内	駐車場や構内等の敷地内
一般道	高速道路以外の直線道路
狭路	道路幅員5m未満の道路を目安
交差点	交差点及び交差点前後（前後は50m程度を目安）
高速道路	高速道路全般
施設等出入り口	自車が施設等の出入り口を走行中の場合
その他	上記の場所に当てはまらない場合

表4-3 自車行動の分類項目

自車行動	内容
バック	バックしている間に事故が起きた場合
直進	直進走行中に事故が起きた場合
右折	交差点右折時に事故が起きた場合
左折	交差点左折時に事故が起きた場合
進路変更	進路変更をしている時に事故が起きた場合
発進	発進する際に起きた事故及びブレーキが緩んで前進してしまった場合も含む
減速中	減速をしている間に起きた事故
停止	停止している間に起きた事故
その他	上記に当てはまらない場合

　上記のように分類項目を設定すると、たとえば、駐車場・構内（発生場所）のバック（自車行動）などのパターンができあがる。これがデータの記号化である。データのなかには、この２つの項目以外にも多くの情報が含まれているが、まずは発生場所と自車行動により掴み、重要なパターンを探すことを先行させる。その他の詳細情報は、重要なパターンを特定した後、それぞれの重要なパターンを深堀りする際に付加することでよい。

② 頻度と重度

　重要パターンをどのように特定するかはそれぞれのパターンの頻度と重度を検討する。頻度は同一パターンの危険の数を数えればよい。月単位、年単位、営業所単位、全社単位の４つを設定して捉えておくとよいだろう。毎月と推移、営業所と全社の比較などを行うと自社や営業所のリスクを共有しやすくなるからである。次に重度の設定をしなければならない。まず事故の重度の評価をするための項目を示すと、１つは人身事故かどうか、１つは自社側に法令違反及び重過失があったかどうか、もう１つは実際の損害額の程度である。これらに具体的

表4-4　事故の重度の評価例

項　　目		評価
人身事故		1 0
法令違反	（ながら運転、一時停止無視、信号無視、飲酒運転等	1 0
重過失	（居眠り、低覚醒運転、業務命令及び基準への違反、疾病隠し、副作用のある薬の服用など）	7
損害額	対人は上記の対人事故で評価済み	
	対物　20万円超	7
	対物　20万円未満	5
	自損事故　10万円超	3
	自損事故　10万円未満	1

な項目を入れて評価したものが表4-4である。

　上記は目安とするもので、企業の方針や考え方により変えてもよいだろう。たとえば、企業内で歩行者事故対策を徹底して行っているような場合は、法令違反とは別に横断歩道前の一時停止を怠って事故になった場合は、重度をさらに引き上げる評価をしてもよい。

　また、表4-5では事故ではなく危険情報を評価する目安を設定したものを示している。評価の項目は事故と同様に３つあり、１つは危険の対象が歩行者、自転車かどうかであり、いずれも事故であれば重大事故になっていたものである。もう１つは自車側に法令違反・重過失がなかったかどうかであり、これは事故時のものと同じである。さらにもう１つは交差点及びその周辺で起きたもの、あるいは車速50km以上で起きたものかであり、これらはいずれも損害額の大きな事故になっていたものである。歩行者、自転車以外でも大きな事故になるものとして、交差点事故と高速度の事故を挙げている。

表4-5　重大事故の可能性の評価例

項　　目		評価
法令違反	（ながら運転、一時停止無視、信号無視、飲酒運転等	1 0
重過失	（居眠り、低覚醒運転、業務命令及び基準への違反、疾病隠し、副作用のある薬の服用など）	7
損害額が大きくなる可能性	交差点及びその周辺で発生	5
	車速50km以上で発生	5

データ分類は木を見て森も見ること

　筆者はこれまで多くの企業の事故データの分析内容を見てきた。実際の企業では、事故情報として収集する項目を表4-6のように多岐にわたり設定していることが多い。

表4-6 事故情報

項　目	内　容
運転者及び属性	氏名、年齢、車種、所属、免許歴、違反歴、事故歴、勤務状況、勤務歴
相手	氏名、年齢、車種、情況に応じて勤務先など
日時・天候	日付、時間、曜日、時間帯、天候
事故状況	事故場所、事故時の俯瞰図、自車と相手車の関係図、事故状況や　想定される事故原因の記述

　主に事故の概要と当事者に関する情報である。このような情報を基に分析をするが、分析のアウトプットは企業リスクの全体を反映したものよりも、一部のリスクを強調したものが多い。たとえば、表4-6の項目でいえば、勤続年数や運転経験、事故日時や天候などの項目を使い、以下のような顕著な傾向を強調することである。

【一部のリスクを強調した例】
・入社３年未満のドライバーの事故が全体の30%を超える。
・運転免許歴５年未満のドライバーの事故が全体の35%を超える。
・午後の３時から５時までの事故が全体の30%を超える。
・雨の日の事故発生率が雨以外の日の２倍である。

　上記のような傾向はそれぞれ事実である。しかし、その後に行う安全教育を傾向の強い属性、あるいは事象にしか行わないというのは合理的ではない。まさに木を見て森を見ない対策といえる。

　企業の安全教育は、森を見て、さらに木も見るという考え方でなければならない。森も木も見るために必要なことが事故や危険情報である。まず、森を見るということは、事故や危険情報を活用して、企業全体を俯瞰して共通したリスクを洗い出すことである。それが交通環境毎のパターン分けから頻度と重度により特定された重要な事故や危険のパターンである。これが意味することは、企業内で発生した事故

や危険を、起きやすさと重大さにより、具体的に特定したということである。したがって、企業のドライバーは特定された重要リスクに対しては、注意を引き上げ、安全行動を強化しなければならないのである。

　一方、木を見るということは、重要リスクをさらに掘り下げ、それらがどのような地点や時間帯、どのような属性に起きやすいかを把握することである。森を見るのが企業の共通リスクであるのに対して、木を見るのは共通リスクを起こしやすい属性や業務場面、労務環境などと考えればよいだろう。したがって、森を見てから木を見るというのは、企業に共通するリスクを特定し、それらに対する注意喚起から全体に向けた安全教育を行い、そのうえで、さらにそのリスクを起こしやすい属性への教育の上乗せや業務環境の改善を行うことになる。

　しかし、企業の現場では、森を見る手続きがされておらず、木を見ることに終始してしまう傾向が強い。たとえば、前出の例では、入社３年未満のドライバーの事故が全体の30％を超えることのみを安全教育に反映し、その企業で起きやすい事故や重大化しやすい事故の全貌はわからないままということである。また、これも多くの企業で見られるが、特定した入社３年未満のドライバーの教育は決して手厚いわけではなく、短期的な教育で完結してしまいやすい。こうしたリスクの一部を強調し、必ずしも継続的ではない安全教育は、企業安全に対して次の３つの課題を作ってしまうことにつながりやすい。

１．企業内の多くのドライバーに安全教育が行われない。
２．ハイリスク層への安全教育が十分ではない
３．リスクと対応ではなく、特定の属性への漠然とした意識づけになりやすい。

　上記のなかでも、３の点は安全教育の本質の問題であり重要である。安全教育は、本来、対策すべきリスクに対して、あるべき防止行動の徹底を実践することでなければならない。しかし、森を見ない状況は対策すべきリスクではなく、リスクが表出しやすい属性にのみ焦点が当てられてしまい、リスクへの対応ではなく、属性への漠然とした意識づけを行うことに終始してしまいやすいものである。

　繰り返しになるが重要なことは、森を見て、全体のリスクを洗い出し、なかでも重要なリスクの防止を全体に徹底し、そのうえで木を見ることにより、起こしやすい属性や事象への対策を特別教育により強化する姿勢を取ることで、リスクへの対応を一貫することができると考えられる。

③　重要リスクのモデル

　前項の内容により、事故や危険情報を頻度と重度に分け、重要リスクを特定することができる。図4-4にはリスクマップのモデルを示している。マップといっても地図ではない。リスク対策の優先度を可視化するために、パターン毎にリスクを位置づけたものである。

　図4-4のリスクマップの元になるのは東京海上日動リスクコンサルティング社が収集した60事業者4733件分の事故データによるものである。60の事業者は貨物、警備、金融、バス・タクシー、スーパー・小売、医薬品製造、食品製造、総合・専門商社・卸、医療など多岐にわたる。4733件の事故データは、それぞれの企業から収集した過去1年分の事故報告書をベースとしている。リスクマップのモデル化は、これらのデータを用いて、まずは各事故パターンの頻度を調べ、次にそれぞれの事故パターンの重度については、典型的な事故状況を基に損害額のモデル値を作り、頻度と重度を合わせたものである。

図4-4　リスクマップのモデル

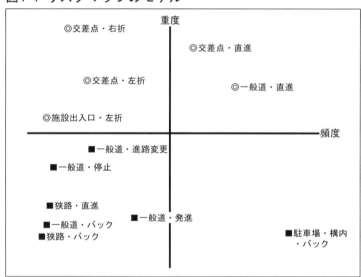

　事故パターンの分布を見ると、企業の事故状況の傾向は、次の5つの特徴がある。

1．頻度では駐車場・構内のバック事故が最多である。
2．重度の高い事故では、交差点事故がもっとも重度が高い。
3．一般道・直進時の事故は頻度も重度もそれぞれ高い。
4．交差点事故のなかでも、右折時はもっとも重度が高い。
5．頻度も重度も高くない事故パターンが多くある。

　企業の事故分析を行い、リスクマップを作成すると、上記のような傾向が出ることが多い。まずは、図4-4をベンチマークとして捉え、自社のリスクマップと比較してみるとよいだろう。また、どの企業においても事故や危険情報の分析を行い、リスクマップを作成することを前提としたいが、どうしてもそこまで手が回らない企業では、当初は、図4-4のリスクマップを自社のリスクマップとして置き換えてもよいだろう。

④　リスクマップの作成方法

　前項では企業全般のリスクマップを示した。自社のリスクマップを作成するうえでのポイントをまとめておく。

　まずは、事故と危険情報の収集のガイドラインを設定する。対象は事故と危険情報となるが、事故は少なくとも過去1か年分以上を対象とする。マップに分布させるには50件以上のデータがあることが望ましい。過去1か年では50件に至らない場合は過去3か年までを遡ることとする。3か年以上以前のデータは前提としない。企業のリスクや周辺の交通環境に変化が起きている可能性があるからだ。次に危険情報はドラレコの映像データを対象とする。解析ソフトにより自動抽出される急操作データが中心となるが、ドライバーから申告のあったデータも含めてよい。危険情報についても事故と同様に50件以上を目安としたい。事故よりも危険情報のほうが多くなるため、過去1か年まで遡らなくてもよく50件程度が収集できればよいだろう。さらに、事故も少なく、危険情報も少ない場合は、事故と危険情報を合わせて50件以上を収集することとする。この場合の対象期間は事故も危険も過去1か年までとする。

　次に、頻度と重度の設定である。頻度は事故も危険情報も同様で、同一のパターンの件数を数える。リスクマップ上は、頻度を横軸にしており、横軸の左方は0件であるが、右方はパターンのもっとも多かった件数分に10%程度の余裕があればよい。重度については、②の項で述べたように、事故と危険情報のそれぞれで1件ずつを点数化し、パターンごとにまとめ平均を取ればよい。重度は縦軸となり、下方は0点であるが、上方はパターンのもっとも高い点数に10%程度の余裕があればよい。さらに、頻度・重度ともに中央のラインをどこに設定するかであるが、それぞれの中央値を据えることとする。たとえば、頻度の場合は、もっとも少ないものが1件、もっとも多いものが16件

あれば、０件から16件の中央値である８を中央ラインに据える。また、重度の場合は、もっとも少ないものが３点で、もっとも高いものが30点であれば、０点から30点の中央値である15を中央ラインに据える。

⑤　分析の方針
　リスクマップを作成し、自社で発生したパターン分布を確認する。次に各パターンの詳細分析を加えることになるが、これには方針がある。まず、マップ上でもっとも重要な右上のゾーンである頻度・重度ともに高いパターン、次に頻度のみが高い右下のゾーン、さらに重度のみが高い左上のゾーン、これら３つのゾーンにある各パターンについては、さらに詳細分析を加える。一方、頻度と重度ともに高くない左下のゾーンについては一旦置いておく。つまり、さらなる詳細分析はしない。リスクマップを作成すると、図4-4でもそうだが、左下に位置づけられるパターンは比較的多いことがわかる。対策ではこれらの左下のゾーンのパターンへの対策は優先度が高くないので一旦置き、むしろ、その他の重要なパターンについての対策を早めることを重視する。安全教育では、事故防止上で必要なことを網羅してドライバーに周知し、それらを徹底させることが理想となる。しかし、受け手のドライバーからすれば、想定できるすべてのパターンへの対策を運転中に実践するのは困難である。実践する内容では、これさえやればよいというワンイシュー型は、それ以外の重要なことへの関心をなくす副作用も想定されるため控えるべきであるが、すべてを網羅して、たとえば20以上の実践事項を徹底するなどもドライバーの容量を超えてしまう可能性があり注意が必要である。こうした状況のなかでは、ドライバーに対してはリスクマップを示し、重要なパターンへの予防に向けた安全行動の徹底を周知するのがよいだろう。

⑥　事故と危険情報の使い分け
　リスクマップは事故と危険情報で別々に作成することが望ましい。事故や危険情報が一定数集まらない場合のみ、その合計で１つのリスクマップを作成することとする。事故と危険情報のそれぞれでリスクマップを作成する意味は、事故、危険情報のそれぞれで特徴を確認するためである。そのためには、双方のリスクマップの頻度に注目して以下の４つの視点で確認するとよいだろう。

【事故と危険情報の分析の視点】
１．事故では高頻度に出現あるいは出現しているが、危険では低頻度
　　に出現あるいは出現していない
２．事故では低頻度に出現あるいは出現していないが、危険では高頻
　　度に出現あるいは出現している
３．事故・危険ともに高頻度に出現あるいは出現している。
４．事故・危険ともに低頻度に出現あるいは出現していない。
　　上記のように、各パターンの事故と危険での出現の仕方についての
比較をするということである。たとえば、上記１のように、事故に出
現しやすく、危険では出現しにくいものでは、駐車場・構内のバック
時などが挙げられる。事故では頻度が高いが、バック場面は後方、か
つ、低速なので、ドラレコの急操作では捉えにくい場面の一つである。
　　一方、事故では出現しにくく、危険では出現しやすいものでは、一
般道・進路変更時などが挙げられる。進路変更は運転中の出現頻度が
高く、進路変更の仕方が荒いドライバーでは急操作として多く出やす
いが、事故には至っていない状況である。このように、事故だけを見
ると優先度を下げてよいものでも、危険情報を見ると上位になるもの
は、「事故の芽」と考えて、その芽を摘んでおく必要がある。具体的
には、事故の芽の場合は、危険情報の分析を詳細に行い、特定のドラ
イバーに集中していないかとか、特定の場所に偏りがないかなどを調
べるとよいだろう。さらに、事故と危険情報の双方で頻度が高い場合
は、詳細分析を深める必要があることは言うまでもない。とくに一般
道・直進時では双方の頻度が高くなりやすい。これは一般道・直進時
が走行場面でもっとも多い場面であるからだが、それだけではなく危
険源となるものも多く、詳細な掘り下げが必要になる。この点を次項
で述べる。最後に事故と危険情報の双方ともに出現しにくいものは、
双方ともに抑えられていると評価し、一旦置いておくことでよいだろ
う。

⑦　重要リスクの特定の手順
　　リスクマップを作成し、そのうえで重要リスクの特定をするための
手順を以下にまとめておく。
１．事故のリスクマップのうち、頻度・重度の双方が高いもの、頻
　　度・重度のどちらかが高いもののパターンを特定する。
２．危険情報のうち、頻度・重度の双方が高いもの、頻度・重度のど

ちらかが高いもののパターンを特定する。

3．事故、危険情報のリスクマップを比較し、とくに事故は出現しにくく、危険情報は出現しやすいものを「事故の芽」として特定する。

4．上記の1～3で特定したパターンの合計を重要パターンとする。
　上記のうち1～2で重なるパターンが想定される。たとえば、1にも2にも存在するパターンである。したがって、重なりを吸収し、1～3を合計したパターンを重要パターンとして特定する。

⑧　重要パターンの掘り下げ

　ここまででリスクマップを作成し、重要リスクを特定するところまでをカバーした。次に、重要リスクとして特定した各パターンの詳細分析を行う必要がある。重要パターンの掘り下げともいうべきものである。

　掘り下げは、以下の7つの視点により行うとよいだろう。

【掘り下げのための7つの視点】

1．ドライバー属性

2．車種（自車側）

3．特定業務

4．場所（構内を含む）

5．日時

6．自車と相手車の関係

7．パターンの細分化

　まずは、7つの視点の考え方を述べる。1～5は事故や危険を起こしやすい属性や環境を割り出すものである。

　1のドライバー属性であれば、ドライバー個人、年齢、入社年数、免許歴、営業所、担当業務を調べる。

　2の車種であれば、企業の場合は導入車種が特定できるため、普通乗用車という括りよりも、トヨタ・プリウスなどの車名で捉えた方がよりわかりやすい。また、車名別の事故件数や危険回数、さらに事故率、危険率も調べておくとよい。特定車に事故率や危険率が高い場合は、死角の位置などが分かりにくいなどの場合もあり、教育を強化する必要がある。

　3の特定業務は自社内で分けている担当業務で分ければよく、たとえば、量販店営業、その他営業などのように、所属部署ではなく、なるべく業務特性が分かりやすい分類がよい。車種の場合は、車名によ

り特定したほうがよいが、それは車毎に特徴が異なるからで、業務の場合は同じような業務はリスクでの共通点が多いため、なるべく括り出し、対策を共通にした方がよい。

4の場所では、事故や危険が起きやすい交差点、バック事故が起きやすい特定の構内などを洗い出すことができるが、その場合は特定地点ではなく信号無交差点などのように交通環境で捉える必要がある。交通環境の場合は、環境がある程度抽象化されているため、そこでとりやすい行動やリスクには特徴や共通点を見出しやすいし、行動の結果というよりは、そのような環境で起こしやすい行動の原因にたどり着けるかもしれない。したがって、日時と同様に、重要パターンと場所（場所は特定地点ではなく抽象化した交通環境）のクロスで調べることには意味がある。

5の日時では、重要パターンの事故や危険を起こしやすい曜日や時間帯があるかどうかである。やや余談になるが、時間帯の項目を単独で扱うことは注意が必要である。企業毎の事故の集計データを見て、たとえば、水曜日に事故が多いとか、午後3時から5時までの時間に事故が多いなどを見つけ出し、それに対する注意を強化することがある。実際に企業現場ではこれをよく行っている。しかし、これには3つの課題がある。1つは、当該日時の事故件数の集計であり事故率ではないことだ。つまり、当該日時にもっとも社用車が稼働している可能性がある。また、日時の場合は、その他の項目に比べ事故率で捉えることが容易ではないという特徴もある。もう1つは、事故パターンなどの危険を表す項目とクロスをさせていないため、たとえば、水曜日にどのような危険が起きやすいかがわからない。したがって、ドライバーは漠然と事故が起きやすいと捉えるしかなく、安全教育としては十分な内容を伴っていない。さらにもう1つは、日時特性はドライバーが置かれた環境により差が大きいということである。たとえば、ドライバーAの水曜日の午後3時から5時と、ドライバーBのそれとは異なり、営業所や担当業務の内容によりドライバー毎に変わるものである。今回のように、日時と重要パターンを合わせて分析をするのであれば、リスクと時間のクロス集計となり、どの時間帯に何がリスクとなりやすいかをある程度示すことができるだろう。また、時間帯項目は行動の結果からなので、その他にある業務などの行動を表す項目も重視して調べたほうがよいだろう。また、歩行者や自転車の出現が多い時間など、明らかな日時特徴もあるため重要パターンの掘り下

げの項目には入れておくとよいだろう。

　このように１～５の項目と重要パターンをクロスさせることで、重要リスクを起こしやすい属性や環境を見出すことができる可能性がある。しかし、５つの項目のなかでも日時はリスクの原因を突き止めにくいのであまり重視せず、１～４の項目を主として、５では明らかに傾向のある場合のみ採用することとする。

　次に重要なことは１～５の掘り下げをしても、あまり傾向がないことがある。その場合は、パターンの細分化を行う必要がある。その場合は上記の６を行い、重要パターンのそれぞれの内容を調べ、それぞれの自車と相手の位置関係を交通環境のなかで特定する作業をする必要がある。そのうえで、自車と相手の関係から、重要パターンをさらに細分化するのである。その方法は次項で述べる。

⑨　パターンの細分化
　パターンの細分化を行う場合の方法を具体的に述べる。企業全般のリスクマップ上を振り返ると、頻度も重度も高いパターンには一般道・直進時と交差点・直進時の２つがあった。この２つはどの企業でも重要パターンになりやすく、掘り下げを行った場合でも細分化を要することが多い。解説では２つのパターンの掘り下げの方法を示し、次にその他のパターンの細分化についての対応方法をまとめることとする。

A　一般道・直進時のパターンの細分化
　パターンの細分化は自車と相手の位置関係からアプローチする。一般道・直進時の場合は、自車にとっての相手は前車となるが、前方（直前）、右前方、左前方の３つを想定しなければならない。前方（直前）の相手はほぼ前車と捉えてよいが、左右の前方は相手が車両とは限らず歩行者や自転車の可能性もある。位置関係の次に考えなければならないのは、自車と相手のそれぞれの行動である。このように考えると、一般道・直進時は表4-7のような細分化を想定できる。

　まずは、表4-7の細分化パターンのなかで細分化を行うとよい。実際に事故や危険情報を確認すると、発生しやすいのは以下の４つのパターンである。
１．自車（後方、通常）、相手（前方、左、割込み）
２．自車（後方、通常）、相手（前方、急停止などの急変化）

表4-7

	自車	相手
位置	後方	前方
行動	・直進（通常） ・直進（低覚醒） ・直進（脇見・漫然）	・車両割込み（左右） ・歩行者飛出し（左右） ・自転車飛出し（左右） ・急ブレーキ、直前左折、Uターン、右折

＊上記の行動で通常とあるのは、直進の一般走行を指す。違反や過失のない状態と考えてよい。

3．自車（後方、通常）、相手（前方、左、歩行者及び自転車の飛出し）
4．自車（後方、脇見・漫然）、相手（直前、通常）

　これらの4つのパターンは、内容により2つに分けて考えなければならない。1つは、自車側に過失はなく、相手の急な減速などの変化及び左右からの割込みや飛出しにより事故や危険となったもので、もう1つは自車側に専ら過失があり、相手には過失がないものである。一般道・直進時の細分化を行う際、まずは自車が上記1＋2＋3と4のどちらが多いかを事故と危険情報のそれぞれで調べてみるとよい。

　次に、筆者がこれまで関わった実際の企業の事故状況と危険情報を参考にして一般道・直進時の細分化のモデルを示す。

　（＊モデルは特定企業そのものではなく、一般道・直進時の事故が多い企業の事故状況を参考にして作成したものである。）

表4-8

【前提】		
モデルのベースになったのは、一般道・直進時の事故の多い複数の企業で、いずれも白ナンバーの営業車である。企業全体の事故発生率は20％以上と高く、なかでも一般道・直進時の事故の比率が高い状況であった。	細分化1	33%
	細分化2	24%
	細分化3	9%
	細分化4	18%
	その他	16%

＊事故発生率は企業の社用車の保有台数を対人、対物、車両単独事故の合計した件数で除したものである。また、1つの事故事案で対人もあり対物もあるなどの場合は、対人、対物それぞれの事故に数えることとした。

　まず言えることは、一般道・直進時の事故のうち、約8割以上は細分化1～4のパターンに入る。一般道・直進時は無数の事故の起き方

が想定されるが、実際には発生の仕方の偏りが大きいことがわかる。また、細分化1～4の内訳では、自車側に過失の大きい細分化4は18％に留まり、過失の小さい細分化1～3は全体の7割近くになった。言い換えると、自車側の過失が大きいものは、小さいものの3分の1以下であるということである。これは対象とする企業や母集団により異なるが、大事なことは、事故は自車過失の大きいものばかりではないということである。

　さらに、危険情報についての結果は表4-9のようになる。これを見ると、一般道・直進時の危険のうち、約7割以上が細分化1～4のパターンに入る。事故に比べると、細分化した4つのカバー率はやや下がるが、それでもかなりの比率を占めている。また、細分化1～4の内訳では、自車側に過失の大きい細分化4は21％であり、過失の小さい細分化1～3が5割を超えた。この細分化はモデルに過ぎないが、事故多発企業を参考にしても、必ずしも自車側の過失が大きいものばかりで構成されているわけではないと言える。

表4-9

【前提】		
危険情報のモデルのベースになった企業は、事故状況のモデルとなった複数の企業と同様であり、いずれもドラレコは社用車の全台に装着しており、実際の危険情報は、1か月間の運転データを対象として危険運転データ（ドライバーの急操作のみをドラレコソフトにより抽出したもの）から一般道・直進時の細分化を行ったものである。	細分化1	27%
	細分化2	18%
	細分化3	11%
	細分化4	21%
	その他	23%

　さらに、このような結果には、自車のドライバー側の低覚醒、脇見、漫然運転の判定を行ううえでの課題もある。具体的には、危険情報を収集するドラレコは、今回のケースでは前方のみカメラであり、細分化4にあるような状態、つまり自車のドライバー側が脇見や漫然運転をしているかどうかの判定が難しいということである。上記のデータ収集では、脇見や漫然運転であるという判定は、映像上で明らかではない限りはしていない。ただ、低速状況でブレーキが遅いなど、脇見

や漫然を疑えるような場面は細分化4で示した数よりも多くあったことは付け加えておく必要がある。一方で、企業のドライバー側から、とくに危険情報のなかで、脇見・漫然を申告してくれたケースもあり、これにより脇見・漫然の判定をしたものもある。

　一般道・直進時の細分化を行うことで、自車側に過失の多いものと、自車側に過失が少ないものがあり、過失の少ないものでも、事故や危険に多くつながっていることがわかる。自車側に過失の大きいものは、ドライバーの低覚醒、脇見・漫然運転が原因となることが多いが起きやすい場所は特定しにくい。低覚醒、脇見・漫然はどこでも起きる可能性があるものと考えるべきだろう。一方で、自車側に過失の少ないものについては前車の急変化や割込みが原因のものと、歩行者や自転車の飛出しが原因のもので大半を占める。いずれも起きやすい場所は様々にあり特定しにくいが、前者については比較的場所の特定がしやすい。次項では、一般道・直進時のうち、自車の過失の少ない事故や危険のなかで、前車の急変化や割込みが起きやすい場面をパターン化して押さえておく。

B　一般道・直進時・前車の急変化・割込み時の細分化

　前車の急変化は急ブレーキ、急停止、進路変更、右左折すべてを含む。割込みは前車が自車へ割込みをしてくることを想定する。このような場面は数多く想定されるが、以下の6つの場面を掲げ細分化を行う。
1．前方、進路変更禁止ゾーン有
2．前方、低速車有
3．前方、工事箇所有
4．前方、丁字路有（自車線への進入口有）
5．前方、施設あり（入場、出場）
6．前方、合流地点あり
　図4-5では上記1〜6を自車と相手を中心に俯瞰図にしたものである。
　上記1〜6には共通点がある。それは、いずれも前方に巡行状態を妨げる何らかの詰まりになる原因が発生しているということである。「詰まり」とは、端的に言えば「車間の詰まり」である。詰まりのなかには、前車と自車だけではなく、後続車へも詰まりが連続することがあり、事故につながりやすい。それが上記1〜6のような場面である。

図4-5 俯瞰図

【1】前方、進路変更禁止ゾーン有

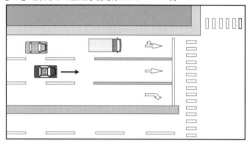

【4】前方、丁字路有

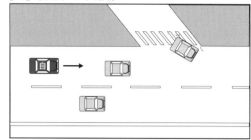

【2】前方、低速車有

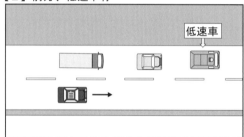

【5】前方、施設有

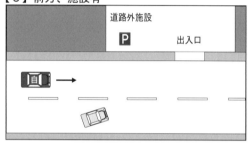

【3】前方、工事箇所有

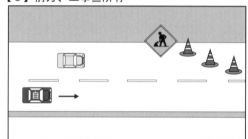

【6】前方、合流地点有

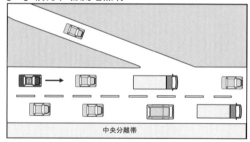

　1の進路変更禁止直前では、禁止になる前に進路変更をしようとする前方車両が直前で急な進路変更をする場合がある。また、自車だけではなく、直前車が割込みを受けることもあり、その場合は直前車が急ブレーキをかけることになる。

　2の低速車では、後続車との速度差から車間が詰まり、低速車の速度が上がらなければ、その詰まりは後続へ連続する。除雪車、工事車両などが左方を走行しているような場合に起こりやすい。また、低速走行をするトラックとそれを上回る一般車両の間でも起きやすい。このような場合は、低速の車線から通常速度の車線へ進路変更をする車両が増え、後方の通常速度で走行する車両への割込みが断続的に発生

することになる。３の工事箇所も２の低速車と同様だが、工事の場合は、詰まる場所が動くことなく固定している。工事エリアの直前で割込みを受けやすい。

　４の丁字路、５の施設は、いずれも、自車の走行車線が、丁字路や施設からの入・出場口になっているような場合である。まず、入場の場合は、前車が早めの合図と減速をして直進していれば、後続車は予測ができて、車間の詰まりを作ることはないが、前車が進入口に直前で気づき、隣の車線から進路変更して丁字路や施設へ入るようなことがある。後方の車両からは急な割込みを受けることになり危険である。また、出場の場合は、前方に丁字路や施設から出場する車両があり、この車両が適切なタイミングではなく、強引なタイミングで後方へ割込みをすることがある。これも後方からは急な割込みを受けることになる。

　６の合流地点は高速道路でよくみられるが、一般道でも該当箇所は少なくない。合流地点では、合流する側、される側が交互にタイミングよく合流を行えば、車間の詰まりは起こらないが、お互いに「譲りたくない」、「急ぎたい」などの感情から、交互のタイミングではなく、不規則なタイミングでの合流が起きる。これも後続にとっては急な割込みを受けることになる。

　企業では、一般道・直進時から自車が進路変更する際の注意をすることは多いだろう。一方で、自車が割込みをうける際の注意をどれくらいしているだろうか。前出のように、実際の事故や危険場面では、直進時に自車側の低覚醒、脇見・漫然だけが原因ではなく、むしろ、他車側の急変化や割込みも多いことを事故や危険分析などで確認し、対策の優先度を上げる必要があれば強化をしなければならない。

事故対策と過失の大小

　「安全第一」を標榜するある企業の経営者が、「事故はゼロにできない。しかし、道路交通法違反をゼロにして自車側の過失を小さくすることは徹底できる。そのうえで事故になるものは仕方がない」。このように筆者に話してくれたことがある。一見すると、「安全第一」を標榜する企業らしい、安全対策への理想的な姿勢のようだが、この経営者は交通事故対策の基本を見誤っている。ここでは、「自車側の過失がなければ、あるいは少なければ事故になるのは仕方がない、あるいは防げない」と考える経営者や管理者向けに事故防止の基本的な考え方を述べる。

　たとえば、一般道・直進時の事故では、前の事例でも述べたように、後ろを走る自車側のドライバーの低覚醒や脇見・漫然などの過失の大きいものよりも、相手側の割込み・急変化の方が多かった。ただし、これは企業により異なる。また、割込みや急変化には、自車側ですぐに回避できるものもあるが、なかには急な変化で対応できないものもある。交差点の事故でも自車側の過失が少なく、相手に多いものは少なくない。たとえば、信号無交差点でも、通常は走行車線の優先・非優先があり、非優先の場合は進入前に一時停止をしなければならない。事故では非優先時に停止をせず、そのドライバーが事故に遭うということは多くある。同時に相手側も事故に巻き込まれることになる。つまり、一時停止をしなかったドライバーが起こした事故の数だけ、優先走行していた事故の相手があるということである。

　ここまでの内容から、大事なことに気づいた読者がいるはずである。それは道路交通法を遵守し過失の小さい運転を心がけていれば事故はゼロにはならないが、多くの事故は防げるという前提には立てないことである。冒頭で筆者に安全への考えを話してくれた経営者の心の中には、道路交通法や過失の小さい運転は事故をゼロにはできないが、大半の事故を防ぐことができるという前提があったのである。しかし、一般道・直進や交差点事故を考えれば、その前提は常に妥当とはいえないのである。

　企業ドライバーにおいても、筆者のこれまでの分析では自車側に原

因や過失の多いものだけで事故が形成されれていることはむしろ少ない。その多くは、自車側よりも相手側に原因が多いものである。一方で、自車側が顕在化していた相手側のリスクへ早めの対応をしていなかったものも多い。安全教育の急所はここにある。道路交通法などのルールを遵守することはドライバーの前提であり、教育を強化するところは、顕在化したリスクへの早めの対応をルールには関係なく実践することである。先の例で言えば、信号無交差点での優先時の運転でも、左右から他車が進入・横断するリスクは分かっていること（顕在化している）なので、ルールに関係なく、加速をやめ、左右を確認し、見つけたリスクを早めに回避することなのである。ルールによりリスクが見えなくなる、あるいはリスクを見なくなるようでは、ルール重視の安全教育はしないほうがよいだろう。安全教育はリスクを教えることと、そのリスクへの早めの回避を徹底させることなのである。このことをすべての企業経営者と管理者に理解してもらいたい。

C　交差点・直進時の細分化

　交通事故のなかでも、相手のある重傷事故や死亡事故になると交差点及びその周辺の事故の比率が高まる。交差点事故はすべてのドライバーが対策の重要度をもっとも高くしなければならない。交差点・直進時の事故では、交通環境により対策も異なるため、さらに細分化しておく必要がある。

　細分化では、表4-10のように８つのパターンに分けることができる。

表4-10 交差点・直進時の細分化

No	細分化の内容
1	信号有・自車青信号時・追突（前車）
2	信号有・自車青信号時・右折・その他
3	信号有・自車黄～赤信号時・追突（前車）
4	信号有・自車黄～赤信号時・右折・その他
5	信号無・自車優先・追突（前車）
6	信号無・自車優先・右折・その他
7	信号無・自車非優先・追突（前車）
8	信号無・自車非優先・右折・その他

細分化のポイントは、まず、交差点の構造が信号有か無か、次に交差点の状態が信号有は青かそれ以外か、信号無では自車が優先か非優先かである。次に事故や危険の概要となり、追突、右折及びそれ以外となる。

　コラムのコンサルティングの現場からでも少し触れたが、たとえば、信号無交差点の事故では、非優先時のドライバーが一時停止せずに起こしたのとほぼ同じくらい、その事故に巻き込まれた相手がある。つまり、自車側の違反や過失の大きい事故だけを防止しようとしても事故削減には十分ではないということである。まずは、企業内の事故や危険情報を洗い出し、以下の４つの視点から整理をしてほしい。

【交差点リスクの整理の視点】
１．信号有・無のどちらに事故や危険が多いか。
２．信号有では、青信号時とそれ以外でどちらに事故や危険が多いか。
３．信号無では、優先・非優先時のどちらに事故や危険が多いか。
４．事故や危険の形態では、追突、それ以外ではどちらに事故や危険が多いか。

　交差点事故の分析について、細分化の８つのパターンとリスク整理の４つの視点を踏まえモデルを作り、内容の解説を深める。

＜交差点リスクの事例＞
○企業例：企業Ａ、医薬品ＭＲ（医薬品営業を業務とする）
○車両台数：1000台超
○事故発生率：25％
○交差点事故の割合：全体の事故の25％程度となっている
＊モデルは特定企業そのものではなく、上記に当てはまる複数の医薬品業の事故状況をベースにして作成したものである。

＜業界解説＞
　医薬品ＭＲ業務の特徴は、大学病院から個人の開業医までを対象に、ＭＲと呼ばれる営業担当者が営業活動を行う。一般的には、病院側の診療時間ではないタイミングに営業活動を行うため、昼と夜の診療時間の合間や夜の診療時間後などの限られた時間内で多くの病院への営業をしなければならない。このため、ＭＲと呼ばれる営業担当者の心理的な負担は大きく、急ぎ・焦りの心理になりやすく事故原因となる。

　また、開業医などは住宅街にあり、生活道路を走行する場合が多い。

このため、信号無交差点での事故も起きやすい。もっとも多い事故パターンは駐車場・構内のバック事故である。これは営業する軒先数が多いことが影響しているが、それだけではなくMRとなる社員の年齢層が比較的30歳くらいまでの若年層の比率が高く、運転技能未熟のドライバーが多いことも原因と考えられている。

＜交差点の事故状況＞

全体事故の25％程度が交差点及びその周辺での直進事故である。さらに、８つの細分化したパターンへの分布は次のようになる。

表4-11 細分化８つのパターン分布

細分化８つのパターン	分布
信号有・自車青信号時・追突（前車）	２９％
信号有・自車青信号時・右折・その他	１１％
信号有・自車黄〜赤信号時・追突（前車）	５％
信号有・自車黄〜赤信号時・右折・その他	０％
信号無・自車優先・追突（前車）	７％
信号無・自車優先・右折・その他	２５％
信号無・自車非優先・追突（前車）	０％
信号無・自車非優先・右折・その他	１２％
その他（不明等）	１１％

上記のモデルは、一部の企業を参考にして作成したモデルであり、企業全般あるいは医薬品業を代表するモデルではない。したがって、モデルで示した事故発生率や事故の分布なども医薬品業を代表するものではない。一方で、企業の事故状況ではよくあるタイプである。読者の企業では、自社の傾向の分析を必ず行ってほしい。今回のモデルでは表4-11、表4-12を含め、大事なことは以下の３つである。
１．信号青時の事故が多い。
２．信号無では優先時の事故が多い。
３．事故状況は信号有では追突が多く、信号無ではそれ以外が多い。
このような交差点事故の状況を見ると、事故の対策では、「信号変わり目は停止する」、あるいは「信号無非優先時は一時停止する」という内容では十分ではないことがわかるだろう。信号青時や信号無自車優先時の事故対策が発生頻度が高く重要だからである。企業リスク

表4-12　4つの視点

No	内　容
1	信号有：信号無⇒信号有のほうがやや多いが、ほぼ同レベル。
2	信号有、青時：それ以外⇒信号青時が多く、それ以外はむしろ少ない。
3	信号無、優先：非優先時⇒優先時が多く、非優先時の２倍程度ある。
4	追突：それ以外⇒信号有では追突が多く、信号無ではそれ以外が多い。全体では追突のほうが多い。

を洗い出し、対策を検討する場合は、全体のなかでも重要度の高い交差点事故の詳細分析は必ず行う必要がある。

D　その他の考え方

　これまで事故や危険をパターン分類した際に、リスクマップ上で頻度も重度も高く出やすい一般道・直進時と交差点・直進時についてパターンの細分化を行った。これにより重要なリスクをより掘り下げて、対策を具体的にすることができる。

　一般道・直進と交差点・直進以外のパターンの細分化についての考え方を、以下に述べる。

　パターンの細分化をする場合は、企業全体の事故比率が頻度で20%を超える場合を対象とする。リスクマップのモデル（92頁参照）では、頻度で最も高い駐車場・構内のバック事故が候補になりやすい。実際の企業では、この事故パターンに限らず、様々な事故パターンが候補になることも考えられる。

　各パターンは事故や危険の発生場所と自車行動により構成されており、細分化では自社と相手の位置関係により掘り下げることを行ったが、それを含め、さらに、次の３つのポイントにより行うとよいだろう。

１．事故や危険場所の細分化を行う。
２．事故や危険の形態を加える。
３．相手の行動を加える。
　１の事故場所の細分化は一般道・直進時や交差点・直進時でも行った。たとえば、交差点のように、信号の有無のように交通環境そのも

のに差異がある場合は行いやすいが、それだけではなく、駐車場・構内のように、環境ではなく場所の属性を設定することもできる。たとえば、自社駐車場と客先駐車場・構内、さらにはコンビニなどのその他駐車場などである。これがわかることにより、注意を強化するポイントを明確にすることができるだろう。

　次に2の事故や危険の形態の細分化は、一般道・直進、交差点・直進では、主に追突かそれ以外かで分けることができた。しかし、バック事故や進路変更時の事故は接触や追突などに限定されやすく、別の視点が必要である。このような場合は、接触や追突の際の自車損傷個所や相手車の位置を明確にして細分化をするとよい。たとえば、バック事故であれば、事故形態は接触事故となることが大半だが、自車の損傷個所やバックの方向などを特定できるとリスクがわかりやすくなる。自車の損傷個所では右後部、後部、左後部、側部でも左右に分け、どの箇所に損傷が多いかにより、バックのどの段階で事故を起こしているかを特定しやすい。進路変更でも、右への進路変更か、左への進路変更かを分けておくと、どのような場面の進路変更に事故や危険が多いかを検討する手掛かりとなるだろう。

　最後に3の相手の行動でも、相手が直進なのか、右左折なのか、進路変更なのかを特定することで事故や危険の状況を把握しやすくなる。また、相手の属性も示しておくのもよい。一般道・直進時では、大半が対車となるが、たとえば、交差点・右折では、必ずしも対車だけではなく、二輪車、自転車、歩行者も、それぞれが比率としては増える。

　このように、必要に応じて、発生場所と自車行動からなるパターンの掘り下げを行う。そもそも事故分析は、理論上はいくらでも複雑にすることはできる。しかし、実際の企業で行う分析では現実的ではない。それは事故や危険の情報量が必ずしも多くないことと、情報を整理し、分類し、分析することに多くの手間が掛かるためである。このため、本章でも示したように、重要リスクを抽出することと、重要リスクの中身を掘り下げることで無理なく、無駄なく対策の準備をすることが現実的だし、リスクマネジメント上も合理的と言えるだろう。

第５章

【実践】
ドラレコ安全教育の方法

はじめに

　前章から実践のための実務に入り、まずはドラレコデータの収集と分類の方法を示した。これにより、自社のリスクの洗い出しをして、重要リスクを特定することができる。次は、特定した重要リスクを対策する段階に入る。対策では次の３つの段階がある。

＜対策の３段階＞
1．教育内容の作成
2．教育方法
3．教育体制

　本章では、上記３つの段階を実践するに当たり、それぞれで必要な知識と方法を解説する。概要を述べると、教育内容の作成が本章のメインになる。具体的には自社の安全教育のためのテキストの作成方法であり、実践するための知識とすぐに使えるサポートツールをまとめている。サポートツールについては巻末でもまとめている。ここで示す内容は先に述べた３つの教育のうち、フィルター教育の内容を中心としている（次項の本書の活用法を参照）。フィルター教育により重要リスクの交通環境、事故や危険につながるリスク、事故防止のポイントまでをまとめており、すぐに教育できるようにした。さらに、ドラレコ活用のポイントも加え、安全習慣教育や添乗教育も行いやすくしている。また、読者となる企業の経営者や管理者はご自身で重要と評価した内容をマークするなどしてもよいだろう。

　次に教育方法は、作成したテキストを実際に教育する時間、実施の間隔、対象の絞り方、継続の方法、教育の進め方、教育後のフォローの目安などを示している。つまり、テキストをどのように活用するかのガイドラインを確認するためと考えればよいだろう。なお、教育方法のなかに入りやすい、教育内容の伝え方は、１の教育内容の作成のなかに入れている。最後に教育体制は、教育を実践するうえでの当事者の決め方と当事者間の役割分担のガイドラインを示したものである。管理者１人とドライバーが多数という形式での安全教育は、管理者側に負担が大きく、内容も一方通行になりやすい。したがって、内容に具体性が伴わなくなり、教育自体が形骸化しやすくなる。この課題は前にも述べているが、企業の安全教育でよくある大きな課題である。この課題への実践的な対応を込めて、教育体制のガイドラインのなかで管理者とドライバーが一体化できて、適切な役割分担ができるモデルを示すこととする。なお、教育方法と教育体制に関する内容は第６章で主に述べる。

本章の活用法

３つの教育と重要事故パターンの融合

　ドラレコ安全教育では３つの教育が必要であり、それらは、認知段階を強化するフィルター教育、判断段階を強化する安全習慣教育、ドライバーの運転チェックをする添乗教育であった。本来ならば、それぞれの教育毎にテキストを作成すべきだが本書ではそれをしない。理由は２つあり、１つは教育する側、される側にも負担が大きいからである。それぞれの教育には学習事項が多く、これらに時間割を作って実践しきるのは本業のある企業には難しいだろう。なるべく必要なことを絞りこみ、それらを繰り返し全員で学べるような学習がよいだろう。もう１つは、リスクの内容は変容するし、大きさも変化する。企業は固定したテキストやマニュアルを好む傾向にあるが、きれいに置いておくことが目的ではなく、毎日、全員に活用されることが大事なので、なるべく追加や変更がしやすい形式が望ましい。このような理由から、本章は、企業で洗い出した重要パターン別に教育内容を示す。また、教育ではまずフィルター教育を行い、そのうえで判断段階のミスをしないための安全習慣教育の内容を必要に応じて加える。両方ともにフィルター教育の内容を使って事故や危険、安全運転のポイントを教育する（一部のパターンでは内容が多いため、フィルターと安全習慣を分けている）。さらに、添乗教育は主にフィルター教育や安全習慣教育の内容の実践や到達度をチェックするものであるので、主にフィルター教育にある安全運転のポイントを参考にして行えばよい。

　これらにより、企業では、自社の重要パターンを特定すれば、あとは本書の該当部分を追うことで、フィルター、安全習慣の２つの教育を行うことができ、さらに最後に添乗教育の内容もフォローすることができる。また、本章で示す内容は手始めのガイドラインとして捉えてもらい、社内の管理者とドライバー間で様々な交流や議論がされ、各社の事情に合わせて、よりよいものに追加や変更をしてもらってよいだろう。

1 内容の作成

　まずは前章で述べた要領で自社の重要リスクを選定する。この手続きは必須としたいが、これを行う手間が取れない場合は前章にあるモデルケースの重要パターンを活用するとよいだろう。次に、それぞれの重要パターン毎に内容を分ける。そのうえで、それぞれのパターンの特徴に合わせ、まずはフィルター教育（認知段階のミスを防止する教育）を中心に行い、次に安全習慣教育（判断段階のミスを防止する教育）も補助的に行う。実際に自社で発生している事故や危険が認知、判断のいずれのミスにより起きているかによりフィルターと安全習慣教育の比重や順番を変えてもよいだろう。さらに、フィルター教育と安全習慣教育の内容の実践度や到達度のチェックのために添乗教育（ドラレコデータのチェックによる教育）によりフォローするのが望ましい。

（1）重要リスクの選定

　前章で示したリスクマップを振り返る（92頁参照）。もっとも重要なのは頻度・重度ともに高いものであり、次に重要なのは頻度・重度のいずれかが高いものであった。それらを整理すると以下の表5-1のようになる。

表5-1 頻度と重度

項目	自車行動
頻度・重度	交差点・直進
	一般道・直進
重度のみ	交差点・右折
	交差点・左折
	施設出入口・左折
頻度のみ	駐車場・構内・バック

　これら以外は先のリスクマップ上では頻度・重度ともに高くないものになる。これらのパターンは重要リスクとしては取り上げないが、事故や危険が発生した場合には、社内での内容の共有はしておきたい。

（2）パターン別の教育内容

　重要リスクに特定したパターン毎に教育内容を示す。各パターンの内容は概ね以下のような構成と内容となる。

> ○教育の目安　・・　添乗・安全習慣の別と理由
> ○俯瞰図　・・交通環境の全体図
> ○事故や危険のポイント・・事故や危険が起こりやすい場面のイメージ
> ○安全運転のポイント・・事故や危険を防止するための安全運転方法
> 　（フィルター教育）
> ○解説・・上記をわかりやすく説明し、教育をする方法も含む
> ○安全習慣教育
> ※安全習慣教育のポイントは概ねフィルター教育の安全運転のポイントと共通している。また、添乗教育でもフィルター、安全習慣教育の実践度と到達度をチェックするので、フィルター教育の安全運転のポイントを活用することになる。ただし、一部のパターンでは教育内容が多いため、フィルターと安全習慣教育のポイントを分けている。

　次項より、各パターンの解説に移る。

① 交差点・直進時

　企業に限らず、交通事故のうち、もっとも重大事故につながりやすいのが交差点の事故である。なかでも直進時は、自車の交差点への進入の仕方によりリスクも変わるので安全運転の中核をなすものと考えてよい。また、前章でも示したように、交差点事故は細分化が必要なので、本章での説明も細分化をしたパターン毎に内容を準備する。

　細分化は以下のように8つにパターン化できる。

1．信号有・自車青信号時・追突（前車）
2．信号有・自車青信号時・右折・その他
3．信号有・自車黄〜赤信号時・追突（前車）
4．信号有・自車黄〜赤信号時・右折・その他
5．信号無・自車優先・追突（前車）
6．信号無・自車優先・右折・その他
7．信号無・自車非優先・追突（前車）
8．信号無・自車非優先・右折・その他

　しかし、教育内容は自車が行うべき安全運転方法を中心に扱うので、事故や危険の形態を除いた以下の4つに絞り、それぞれのパターンを解説するなかで事故や危険の形態も含めることとする。

1．信号有・自車青信号時
2．信号有・自車黄〜赤信号時
3．信号無・自車優先時
4．信号無・自車非優先時

　パターン毎の教育内容ではフィルター教育と安全習慣の双方を入れ込むが、信号有の場合は、自車青と黄〜赤に分けていて、事故原因も自車青信号時は認知段階に多く、黄〜赤信号時は認知後の判断段階に多いため、自車・青信号時をフィルター教育、黄〜赤信号時を安全習慣教育として整理する。以降の信号無交差点は認知段階のフィルター教育内容を示し、そのうえで判断段階のポイントを改めてまとめる。2つの教育は認知、判断と連続する工程なので、フィルター教育の内容に安全習慣教育の内容が含まれていることもあるので、安全習慣教育はポイントのみを改めてまとめるようにする。

Ａ　信号有・自車青信号時

教育の目安：フィルター教育

　本パターンは走行中でも非常に多い信号有・自車青信号時である。当たり前のように直進のみをしている場面かもしれないが、実際には事故が多く、交差点進入前には自らの注意強化が求められる。したがって、このパターンはフィルター教育により同様箇所での注意強化を徹底させる教育となる。

俯瞰図１　信号有・自車青信号

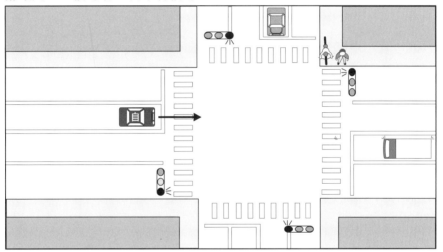

◆フィルター教育のポイント

・交差点・直進時のリスクマップ上での位置づけを明確に示すこと。事故と危険情報別の頻度、重度ともに示す。

・交差点・直進時の場合は、細分化したパターンの内容も明確にすること。

・「Ａ　信号有・自車青信号時」のパターンが、交差点・直進時に占める割合を示す。合わせてドラレコで収集されたＡに該当する映像を共有する。とくに解説を加えずに２〜３回程度見せる。

・上記を示したうえで、以下の事故と危険のポイント及び安全運転のポイントを共有する。共有は、箇条書き部分と俯瞰図１のようなイラストに留め、本文中の解説は、管理者よりドライバーへ丁寧に解説すること。解説では、何が危険かということ、事故防止のために何が必要かということ、また、それがなぜ必要かということを中心

に示している。これらの解説の意味と直前に見せた当該パターンのドラレコ映像をドライバーに焼き付かせるようにする。これらの解説の意味と直前に見せた当該パターンのドラレコ映像をドライバーに焼き付かせるようにする。

◆事故や危険のポイント（フィルター教育対応）
＜交差点手前＞
・信号が青に変わった直後の発進時⇒前車に追突
・信号の変わり目の加速⇒前車は減速し追突
・信号青時の巡行状態⇒自転車、歩行者の飛出し
＜交差点通過中＞
・信号が青に変わった直後の加速⇒対向右折車との衝突
・信号の変わり目の加速⇒対向右折車との衝突
・信号青時の巡行状態⇒前車の急減速、停止し追突

◆安全運転のポイント（フィルター教育対応）
＜交差点手前の発進時＞
◎「発進時」の３つのポイント
１）「ながら運転」をしないこと。
２）信号だけを見ないこと。
３）発進のタイミングを遅らせること。

解説

　まず、「ながら運転をしないこと」、交差点手前の直進時の事故では発進時の「ながら運転」による比較的軽微な追突事故が発生しやすい。これは、停止時にフットブレーキのみを踏み、携帯電話などの「ながら」をはじめ、信号が変わったことだけを認識し、周囲を見ずに「ながら」を止めずに発進して事故や危険になるものである。防止策はフットブレーキ以外のブレーキを使うこと。また、「ながら」ができる環境を除去すること。具体的には携帯電話などを手の届かない場所へ置くことである。

　次に、「信号だけを見て発進しないこと」である。すべての車が自車と同じタイミングで発進することはないと思うことが大事である。信号の変わり目は発進の「きっかけ」であり、実際の発進タイミングはそれよりも遅くなることを体に覚えこませる必要がある。

　最後に「発進のタイミングを遅らせること」である。前出の２つの
ことを徹底できると自然に発進のタイミングを遅らせることができる。
具体的には、フットブレーキ以外のブレーキを使うことと信号だけを
見ないことである。たとえば、サイドブレーキをかけていれば、それ
を解除するタイミングが必要で、信号だけを見るのではなく、前方の
広範囲を見渡すことで、それに必要なタイミングができる。これらを
行えば発進のタイミングを遅らせることができる。信号有交差点の発
進時の事故は、ドライバーと信号だけにスポットが当たり、その他が
真っ暗になるようなイメージの中で起きやすいものである。したがっ
て、信号有・交差点の発進時はドライバーが前方信号だけではなく、
その周辺の明かりのスイッチを付けにいくようなもので、その間はサ
イドブレーキなどのフットブレーキ以外のブレーキを使っていると事
故防止になるということである。

＜巡行状態の交差点進入時＞
◎「進入時」の３つのポイント
１）アクセルを踏みこまないこと。
２）進入前３０ｍ地点から通過まで左右を捉えること。
３）前方は遠くから近くを見ること。

解説
　信号有交差点で自車が青信号の直進時には、本来は事故が起こらな
いはずだ。交差する交通流は信号が赤だからである。また、青による
直進は巡行状態となり、前車との詰まりも起こりにくい。それでも実
際には事故が起こる。その原因は簡単なことで、交差する交通流では
信号を守らないドライバーや自転車、歩行者がいるからであり、前方
の詰まりは信号に関係なく起こりえるのである。この当たり前のこと

を企業の安全教育では取り入れていないことが多い。つまり、自車が信号を順守することは教えている。たとえば、信号の変わり目は交差点へ進入しないなどである。しかし、相手が黄〜赤でも進入してくることへの準備が必要ということは教えていないのである。

　相手の進入への準備が、2）の進入前30m地点から通過まで左右を捉えることと、3）の前方は遠くから近くを見ることである。まず、2）では、交差点進入前に前方だけではなく左右を意識することである。当たり前のことだが、信号が青になると、これを意識するドライバーは格段に減る傾向がある。左右意識は進入前から通過までをカバーしなければならない。3）では前方を見る際も遠くから近くへカバーする確認方法が大事である。100m程度先の遠くを見ていれば、そこを凝視しない限り、見渡すような確認となり直前もカバーできる。確認は点ではなく面で見ることだ。前方の場合、面で見るには、近くから遠くではなく、遠くから近くをカバーするとよい。近くを先にカバーすると、どうしてもよく見える近くを凝視してしまいがちだからである。言うまでもないが、遠くをカバーすることで、前方の交通環境の変化を素早くとらえることができるため危険回避がしやすい。

　上記のような2）と3）の重要性を合理的に理解し、習慣として行動できるドライバーは、ほぼ間違いなく1）のアクセルを踏み込んだ交差点進入と通過はしないだろう。つまり、1）〜3）は一つ一つにばらばらになっている注意事項ではなく、1）は2）と3）の行動の準備であり、2）と3）を実践するためには1）は不可欠ということである。

　このように、安全教育の内容は、たとえば「アクセルを踏み込まない」という1つの運転結果を求めるだけでは不十分と考えなければならない。教育を受ける側は、「なぜ、それが必要か」、「なぜ、それが安全で、なぜ、それが危険か」を合理的に理解して初めて、その後の行動に影響を与えるものである。企業の安全教育は、企業内の職制により、上から下へのトップダウン形式での結果だけでの指示のみをして終えてしまうことが少なくない。そのような教育をしないためにも、ここで示しているような行動への根拠づけを持たせることを重視することが企業の経営者・管理者には必要である。

速度と車間から視野の確保を意識させること

　安全運転の基本は「速度遵守」と「適正な車間距離の維持」である
と考えるドライバーは多い。しかし、この２つのことは前車付近の狭
い前方に注意を集中させてしまうことに繋がりかねない。一方で、最
近の交通事故の傾向は、とくに死亡事故では、車対車の事故よりも、
車対歩行者の事故が多い状況にある。前方車との事故よりも、左右か
らの歩行者との事故が死亡事故では多いということである。このよう
なことから、安全運転の基本は「速度遵守」と「適正車間の維持」と
いうような、どちらかというと前方注意から左右へのワイドな注意が
より重要ということになる。このことを教育に取り入れている企業は
少ない。また、左右ワイドに注意をするという教育をする際に必要な
のが、ヒトの視野に関する知識である。

　図5-1はヒトの視野の広さを示したものである。ヒトの視野は左右
に概ね110度程度である。180度ではない。したがって、ヒトは首を振
り、左右の細部を確認しなければならない。110度の視野は、その特
徴から３つに分けることができる。まず、左右５度程度の中心視であ
る。これは本を読むことや、資料を見たりする際に発揮されるもので、
範囲は狭いが細部までを確認することができる。次に、左右30度程度
の周辺視がある。これは対象の色覚までがはっきりと確認できるもの
で、ヒトの認知活動には重要な役割を果たすものである。さらに、30
度程度から110度くらいまでは文字のような細かいものは分からず、
対象の色もはっきりとしない状態での対象の把握である。いわば、気
配のようなものと捉えておくとよいだろう。

図5-1　運転時の視野

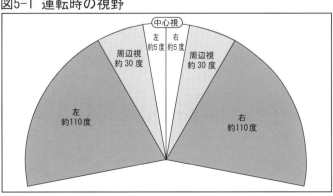

ヒトの注意行動は、予め注意が必要と決めていた対象へ注意をすることと、とくに決めているわけではなく、気配の中から危険や異常を感じた対象へ注意を向けることの2つがある。本書で扱うフィルター教育は前者を補完するものである。必要な注意を交通環境毎に整理し徹底するものである。一方で、気配から注意を向けるのは、危険への準備行動であり、これこそが安全運転の基本である。つまり、ワイドな視野から危険や異常を見つけ出し注意を向けることである。このことは速度遵守と車間距離の維持だけでは十分ではない。なぜならば情報が前方に集中してしまいワイドに情報収集をすることができないからである。

　安全運転は危険に遭わないことではない。むしろ遭遇危険に対して早めの回避を行うことが重要である。早めの危険回避を行うためには危険収集の情報量が多くなければならない。したがって、ワイドな視野を意識し、危険や異常を気配から察知し、確認し、素早く回避することが安全運転ではもっとも重要なのである。さらに、ワイドな視野をもっとも求められるのは、事故の多い交差点であるということである。このコラムを活用して、経営者や管理者から、安全運転の基本に関する考え方を徹底できるとよいだろう。

B 信号有・自車黄〜赤信号時

教育の目安：安全習慣

　本パターンは本来あってはならない場面である。自車側の信号が黄〜赤信号時での交差点進入は控えなければならないからである。しかし、実際には事故や危険が出やすい場面である。企業ではこうした場面を前提とすることなく、ドライバー側の判断の誤りにより事故や危険につながったものとして教育材料にする必要がある。したがって、事故の多い環境での注意強化を徹底するフィルター教育ではなく、ドライバー側の判断ミスにより生じたものとして、判断段階の改善を目的とした安全習慣教育での活用となる。この教育はドライバーの判断段階におけるミスが生じた際に、その都度安全教育のなかに取り入れるようにする。

俯瞰図２　信号有・自車黄〜赤信号時

◆安全習慣教育のポイント

・フィルター教育と同様に、交差点・直進時のリスクマップ上での位置づけを明確に示すこと。事故と危険情報別の頻度、重度ともに示す。
・交差点・直進時の場合は、細分化したパターンの内容も明確にすること。
・「B　信号有・自車黄〜赤信号時」のパターンが交差点・直進時に占める割合を示す。合わせてドラレコで収集されたBに該当する映像を共有する。とくに解説を加えずに２〜３回程度見せる。

・前記を示したうえで、安全習慣教育では判断段階のミスを知り、それを改善することが目的なので、以下にある事故と危険のポイント及び安全運転のポイントを共有したうえで、あるべき判断の仕方を徹底すること。進め方では、箇条書き部分と俯瞰図２のようなイラストをドライバーに共有し、本文中の解説は管理者よりドライバーへ丁寧に解説すること。解説では判断ミスの内容を具体的に示すことと、今後の運転で同様の判断ミスをしないために「何をすればよいか」、あるいは「どのような安全運転を加えればよいか」を明らかにすることが重要である。

◆事故や危険のポイント（安全習慣教育対応）

信号有・自車黄～赤信号時は言い換えれば、信号の変わり目となる。したがって、信号の変わり目で起こる事故や危険となる。

＜交差点手前＞

信号の変わり目の加速⇒前車は減速し追突

＜交差点通過中＞

信号の変わり目の加速⇒対向右折車との衝突

◆安全運転のポイント（安全習慣教育対応）

＜交差点手前＞

・信号有・交差点の進入の判断は交差点の手前30m付近で行うこと。
・30m手前時点で、信号の変わり目になった場合は交差点への進入をしないこと。
・信号有・交差点の手前30m付近では、信号の変わり目だけではなく左右確認をカバーできるように大きな加速をしないこと。

（解説）

信号の変わり目とよく言うが、ドライバーが交差点のどこで変わり目を確認したかによりリスクも行動も変わる。まずは、変わり目の判断ポイントを明らかにしておく必要がある。車速が40～50km程度までを想定するとその停止距離は20～30m程度となる。また、右左折の合図タイミングも交差点の30m手前である。まずは、変わり目の判断タイミングを交差点の30m手前と決める。この段階での信号の状況を判断基準とすればよい。

自車側の信号が黄～赤の段階に入っていれば、判断は交差点への進

入をしないこと、つまり停止と決め徹底する。この徹底は当たり前の
ようだが難しい。そもそも30m手前というのが、ドライバーによりば
らつきが出やすいからだ。また、その時の心理状況や前後の交通流に
も影響されやすく徹底して行うことが難しい。

　そこで、ドラレコを活用した全体教育により強化する。まず、営業
所のエリア内で特定の交差点を選定する。そのうえで、それぞれの交
通流の30m手前を測定し、映像上で特定して見せる。ドライバーはど
の段階で信号変わり目の判断をするかが明確になるし、社内でも共通
の認識が持てるようになる。

　次に、ドラレコ映像の活用では、信号有・交差点直進時の事故や危
険映像を抽出する。そのうえで、ドライバーがどの段階で、どのよう
な判断をしたかをドライバー間で話し合うとよい。映像を基にドライ
バー間で話し合うことは、ドラレコ安全教育ではよく行われるが、話
し合う内容を決めていないことが多い。これだと議論に時間がかかる
し、展開の予想がつかず、全体としての教育効果を見込みにくい。大
事なことはテーマを決め、話し合いの目的とゴールを決めることであ
る。

　さらに、このパターンは自車側のドライバーの判断ミスの改善を促
すだけではない。自身に判断ミスがなくても、相手や周囲にミスを起
こすドライバーがいることを認識する機会としても重要である。これ
は本パターンに限らないことだが、事故や危険は表裏一体であり、自
身が起こしたミスは他車も起こすかもしれないし、他車が起こしたミ
スは自身も起こすかもしれない。このように考えることで、走行中に
危険を察知する感覚が研ぎ澄まされてゆくものである。教育では、企
業内のドライバーへの注意喚起だけではなく、相手としても想定され
る危険であることを付け加えておきたい。

自主性をどこから求めるか

　企業の安全教育では小集団活動を行うことがある。その形式は大きく２つあり、１つは企業側が設定した事故防止や安全対策に関するテーマを設定し、それを実践するための改善や具体的な行動を小集団で考えるものである（ワークショップ型）。もう１つは、やはり企業側が設定した安全に関する目標を達成するために、いくつかの小集団に分け、実践と結果を競わせるものである（レース型）。レース型といっても、その競う過程で、小集団のなかで様々な検討や話し合いがされるものである。このような小集団活動はドライバーの自主性を引き上げるものとして安全教育に取り入れられることがある。しかし、安全教育におけるドライバーの自主性は、どのように求めるべきかについては慎重な姿勢が必要である。

　安全教育の実践では、以下の５つの工程がある。

１．課題の抽出（事故や危険情報などの分析）
２．企画の立案（分析に基づく課題の提起）
３．目標の設定（課題を克服するための目標の設定）
４．行動の徹底（目標を達成するための具体的な行動の徹底）
５．検証と改善（目標や行動の到達度と改善の検討）

　上記のすべてで、企業は率先してそれぞれの取組みを行う必要があるが、とくに上記の１〜３までは企業主導で行う必要がある。一方、上記４〜５についてはドライバーに自主的に行動をしてもらい、それを全社へ良い影響を及ぼすように企業がリードすることが望ましい。４の行動の徹底では、ドライバーの各現場により業務環境が異なるため、ドライバー自らの工夫や、行動の落とし込みのための様々な試行が有効である。また、５の改善でも、ドライバーの各現場の状況を踏まえた、より取組みやすく実効性の高い内容を検討するためには、ドライバーの自主性が必要となる。

　しかし、実際の企業では、次のような小集団活動が行われている。

１．今月の安全行動目標の策定（ワークショップ型）
２．10-12月小集団別の事故削減率の比較（レース型）
３．小集団別のクレーム・事故・省エネの目標達成度比較（レース型）

　上記1は実践の5つの工程のうち、もっとも企業が請け負うべき1〜3を小集団に丸投げしている状態である。上記2は工程の1〜4が曖昧で、5のみを小集団に迫っている。上記3は安全とは関係のないテーマと抱き合わせで、工程からその他テーマまでの結果まで、すべてを小集団に委ねている。これらは小集団活動では好ましくない例である。

　企業がドライバーの自主性を求めることは重要だが、安全教育の5つの工程のうち、1〜3までの内容に「企業の顔」が見えない状況を作るべきではない。課題、企画、目標は個別のドライバーや集団で決めるものではない。企業単位で、それを営業所単位で、さらにそれを細分化した組織へ落とし込みをしなければならない。企業は1つであり、その行動の考え方や品質が組織ごとに変わってはならないからである。また、課題、企画、目標を合理的に設定できない企業は、安全教育を実践することはできないだろう。ドライバーも企業姿勢を感じ取り、安全はもとより業務へのモラルも下がる可能性がある。なぜならば、企業がドライバーへ過度な自主性を求めることは、企業側に安全教育を実践するための当事者能力や意識がないことを露呈してしまうからである。一方で、企業が定めた目標や行動を落とし込むために、現場のドライバーの意見や考えを取り入れている企業は、安全教育でも成果を上げていることが多い。これも本書では何度か触れているが、安全教育の実践が企業とドライバーの双方向で行われるからである。この点、5つの教育の工程のうち、1〜3を企業主導で、4〜5をドライバー主導で実践できていることは理想的な双方向での実践となる。

　ドラレコを活用した小集団活動などもよく行われる。その際も5つの工程をよく思い起こしてほしい。今月のヒヤリハットの防止についてなどの小集団活動は工程のほとんどを丸投げしていると考えてよいだろう。今月のヒヤリハットを企業側が分析し、たとえば、交差点の進入時などのテーマを決め、事故防止への行動も企業側が提示し、それを実践するために、ドライバーの知恵を借り、どのような工夫や改善が必要かを検討するような活動が望ましいということである。

Ⓒ 信号無・自車優先時

　このパターンの交通環境は事故や危険が多発し、事故になった場合は重大化しやすい。したがって信号無・交差点の進入から通過までの運転方法は、ドライバー自身はもちろん企業単位で固めておく必要がある。教育では進入時の安全確認や運転方法を固めるためにフィルター教育により強化する。

俯瞰図３　信号無・自車優先時

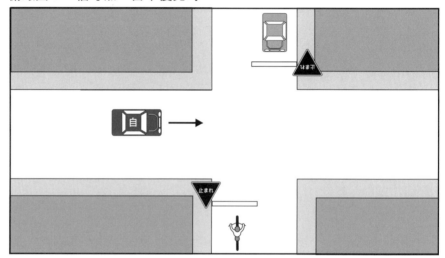

◆フィルター教育時のポイント

　このパターンは道路交通法を遵守していても相手がそうでなければ事故は防げないという典型的なものである。フィルター教育では事故を起こさないだけではなく、事故に遭わないためにどうすべきかという立場を前提とすることが重要である。

◆事故や危険のポイント（フィルター教育対応）

　危険や事故の対象となった相手がどのような交差点進入をしてきたかにより３つに分けることができる。

１．相手車加速大

　相手車は本来行うべき一時停止をせず、さらに大きな加速により進入をしてきたので、自車は交差点進入時に適切な認知ができなかった。

２．相手車加速大ではない

128

相手車は本来行うべき一時停止をしていないが、加速は大きくなく自車の進入時には認識ができたもの。

3．相手が車両以外の自転車・歩行者であること。

(解説)

本パターンでは事故や危険のポイントでも解説を加える。信号無・自車優先では、上記にあるように、相手車が比較的認知しやすい状況か、あるいは認知が難しい状況かを見極める必要がある。一概に言えないが、自車が進入時に、相手車が認知しやすかったものが多い可能性がある。つまり、相手が道路交通法を守らず進入してきた際は事故になっても仕方がないということではない。

筆者が行ったタクシー会社のドラレコ映像の例を振り返ると、信号無・自車優先時の事故・危険データでは、進入時に自車から相手が認知しにくいものは1件もなかった。このタクシー会社は60台程度の保有台数で、年間で信号無・自車優先時の事故データが3件あり、危険データは18件あった。これらのデータは相手車が見えていたが、自車側はすぐに減速をせず、そのまま進入し、その後に急ブレーキをかけるものが大半であった。これらの事故や危険は防止できるものである。

また、相手が車以外のケースも想定しなければならない。車以外の自転車や歩行者は車以上に予想しにくく、自車が交差点進入後では回避が一層難しくなる。したがって、運転では自転車や歩行者がいないかを探しに行く姿勢が求められる。

◆安全運転のポイント（フィルター教育対応）

＜交差点進入時＞

・アクセルを踏み込まないこと。大きな加速をしないこと。
・左右を捉えるタイミングを作ること。
・見通しの悪い交差点では、左右を伺うタイミングを作ること。

(解説)

ポイントでは左右を「捉える」と「伺う」の2つを示した。まず、この違いを解説する。

「捉える」とは自身が運転席から前方に正対した際、その時の自身の視野で捉えられる左右を察知することである。ヒトの視野は左右110度前後あると言われるが、走行中は狭くなり、対象の色までが判

別できる30度前後を捉える程度であろう。視野は加速をするとより狭くなるため、交差点進入時に左右を捉える意識をすると、自然と進入時の加速は控えられるようになるだろう。これがねらいである。

　次に「伺う」とは見通しの悪い交差点で行う。左右の見通しがきかないのだから、左右を見に行かなければならない。この簡単なことを多くのドライバーができない。自車優先だからである。「伺う」とは減速をして左右の奥行きを、首を振って見に行くことである。

　このように、信号無・自車優先交差点の進入時は、見通しがきけば「捉える」ことを意識し、見通しがきかない場合は「伺う」ことを実践することを運転目標とする。しかし、これらの運転目標はドラレコ映像上で実践しているかどうかをチェックすることは難しい。この場合は映像により確認行動のファクトチェックをするのではなく、映像を管理者とドライバーにより共有したうえで、進入時のパフォーマンスを話し合いながら確認することでよい。さらに、事故や危険のポイントでも挙げたが、ドラレコ映像により、自車進入時の相手車の状態はチェックしておく必要がある。

　これらを踏まえると、次のような教育フローができる。以下のようなフローを作ると、ドラレコ映像上では１～３までは確認ができる。これらの確認できる情報を基に、４～５を丁寧に話し合うことが重要である。ドラレコを導入する前は、１～３の情報を取りにくく、結果として指導内容も「自車が優先でも～かもしれない運転をしよう」など漠然としてしまっていた。しかし、ドラレコを導入することで、教育すべき内容を具体的かつ明確に示すことができる。

【教育フロー】
１．交差点環境をチェックする（見通しが良い、悪い）。
２．上記1に合わせ、自車は「捉える」のか「伺う」のかを確認する。
３．車の状況をチェックする（認知可能、認知困難）。
４．実際のドライバーの行動を確認する。
５．その後、具体的にはどのような運転改善をするかを徹底する。

　フィルター教育では、上記の１～５のフローを管理者のリードにより示し、使用する映像がそれぞれの状況でどうであったかを解説しながら進める。そのうえで、４については、参加者から日常の運転状況の情報交換をして、５については、参加者の意見も取り入れる形で進

めるとよいだろう。1～3までの情報整理ができていれば、4～5の議論は自ずと活性化する。大事なことは1～3の企業側の情報整理なのである。

◆安全習慣教育のポイント

前出のフィルター教育の安全運転のポイントの解説を準用することでよい。安全習慣では、自車が優先か、そうではないかにより次の操作を判断するのではなく、見通しが良いか、そうではないかにより判断することを重視する。見通しが悪いのに「伺う」姿勢を取らなければ事故や危険に遭いやすく、また、見通しが良くても「捉える」工程を省いてしまえば、やはり事故や危険に遭いやすくなる。

D 信号無・自車非優先時

教育の目安：フィルター教育

　このパターンは前項の信号無・自車優先時と表裏になるものである。交通環境自体は事故や危険が多発し、事故になった場合は重大化しやすい。しかし、信号無・自車優先時とは異なり、進入前の一時停止が義務づけられているため教育内容は単純であるが、多発する危険としてフィルター教育のなかに入れておく必要がある。

俯瞰図４　信号無・自車非優先時

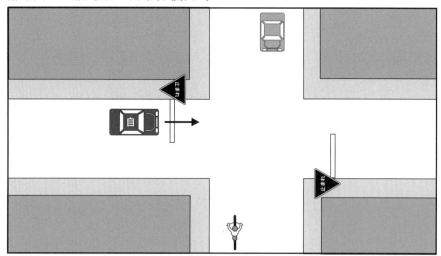

◆フィルター教育時のポイント

　このパターンは自車優先時とは異なり、道路交通法を遵守していれば相手に関係なく事故は防げるものである。フィルター教育では自車・非優先時の交通環境を映像上で焼き付け、そのうえで停止を徹底することになる。停止では、停止時間とか、停止線前〜ｍとか、子細なファクトに固執しすぎることなく、十分な確認ができる停止であったか、停止のための停止ではなかったかを掘り下げることが重要である。

◆事故や危険のポイント（フィルター教育対応）

　自車・優先時と表裏になるが、自車の停止の仕方により事故や危険は３つのポイントに分けることができる。

１．自車停止せず

　自車は本来行うべき一時停止をせず、巡行状態で交差点進入したの

で相手車と衝突した。

２．短い停止

　自車は本来行うべき一時停止を短く終えたため、他車の進入をカバーできず相手車と接触した。完全停止をしていないという場合もこれに入る。

３．停止位置誤り

　見通しの悪い交差点で、自車が停止線を越えて、交差点のコーナー近くで停止をしようとしたため、歩行者や自転車の自車側の進入を避けられず接触した。

解説

　上記はいずれも自車が停止していない場合である。自社のドラレコ映像で、このパターンの映像の内訳を調べる必要がある。一概に言えないが、自車がまったく停止をしていないというケースは少ない可能性がある。つまり、停止そのものではなく、停止の仕方を教育するのである。ドラレコが導入されるまでは、交差点進入前に一時停止だけを指導していた。したがって、ドライバーにより、停止のイメージが異なり、停止そのものに差が出ていることに気づかないまま教育をしていたことが大半であった。

　内訳を調べるうえで、短い停止と停止位置誤りを定義しておく。短い停止は、停止線前で顕著な減速をしているが停止時間が２秒未満のことであり、停止位置誤りは顕著な減速をしているが停止線を越えている状態で、停止時間が２秒未満である。また、上記３の停止位置誤りを詳しく説明しておく。図5-2にあるように、見通しの悪い交差点では、停止線は交差点手前にあるため、そこからは左右が見にくい。このため、ドライバーは停止線を越えて、コーナー付近まで停止せずに進み、そこで初めて左右確認をしようとするが、この間に、左右から自車側に進入する相手があれば事故につながるというものである。

図5-2 見通しの悪い交差点の死角

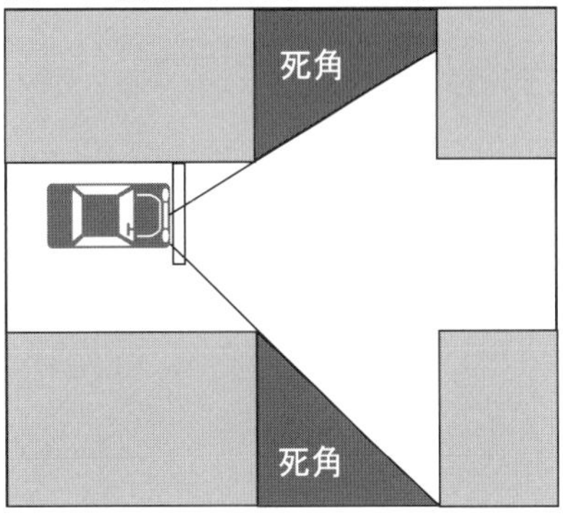

133

◆安全運転のポイント（フィルター教育対応）
＜交差点進入時＞
・見通しの良い交差点では停止線手前で２秒以上の停止をすること。
・停止中に左右を伺うこと。
・見通しの悪い交差点では二段階停止を行うこと。
・一段階目と二段階目の間は最徐行すること。
・二段階ともに２秒以上の停止し左右を伺うこと。

解説

　見通しの良い交差点、悪い交差点で停止方法を分ける必要がある。むしろ、左右が見える場合と見ない場合で同じ方が不自然と考えなければならないだろう。自車・優先では「捉える」と「伺う」の別を設定したが、非優先では見通しに関係なく「伺う」ことに統一する。停止して左右に首を振って確認するということである。また、非優先での停止時間を２秒以上としている点も見通しに関係なく統一とする。さらに、見通しの悪い交差点では二段階停止を運転目標としている。前項のポイントでも述べたように、停止線とコーナー付近の両方の確認をすることを必要としている。
　ドラレコを活用した教育では、以下の1〜5のように教育フローを設定することができる。自車・優先時と同様に、1〜3までの情報を映像により整理することが重要である。そのうえで、自車がなぜ適切な停止ができなかったか、どのような意識づけで運転の改善ができるかを議論するのがよいだろう。

【教育フロー】
１．交差点環境をチェックする（見通しが良い、悪い）。
２．上記1に合わせ、自車は停止で伺うのか二段階停止で伺うのか確認する。
３．相手車の状況をチェックする（認知可能、認知困難）。
４．実際のドライバーの行動を確認する。
５．その後、具体的にはどのような運転改善をするかを徹底する。

◆安全習慣教育のポイント
　前出のフィルター教育の安全教育のポイントを準用することでよい。自車が非優先時の際は停止が義務づけられているが、停止しているか

どうかだけではなく、「伺う」姿勢を維持しながら停止できているかどうかが重要である。「伺う」姿勢を忘れてしまう判断ミスが事故や危険に直結するということである。したがって、停止だけではなく停止の仕方をチェックし、それにより事故や危険に遭いやすくなることを教育するとよいだろう。

② 一般道・直進時

　企業に限らず、相手のある交通事故のうち、もっとも事故が多いのが一般道・直進時である。ただし、走行中でもっとも多い場面も一般道・直進時である。したがって、事故や危険になる場面の幅も広く細分化が必要である。細分化はすでに第4章で行い、以下のようにした。まず、一般道・直進時の全体を4つに分け、1〜3は自車側というよりは相手に過失が大きいもので、4については自車側の過失が大きいものである。企業では、自社が1〜3（相手過失型）と4（自車過失型）との比較でどちらが多いかを調べる必要がある。企業により異なるが、自車過失型ばかりが多いわけではなく、相手過失型が目立つことも少なくない。そのような場合は、対策を速度遵守と適正車間距離の確保だけではドライバーの共感を得ることが難しく、教育効果も十分に得られない可能性がある。

【一般道・直進時の細分化パターン】
1．自車（後方、通常）、相手（前方、左、割込み）
2．自車（後方、通常）、相手（前方、急停止などの急変化）
3．自車（後方、通常）、相手（前方、左、歩行者及び自転車の飛出し）
4．自車（後方、脇見・漫然）、相手（直前、通常）

　このようなことを想定して、相手過失型の事故のうち、相手が車の場合の細分化1と2（相手過失型）については、前車の急変化や相手からの割込みを受けやすい場面として6つに細分化した。企業では、この視点でも分布を調べる必要がある。

【一般道・直進時・前車の急変化・他車の割込み時の細分化】
1．前方、進路変更禁止ゾーン有
2．前方、低速車有
3．前方、工事箇所有
4．前方、丁字路有（自車線への進入口有）
5．前方、施設あり（入場、出場）
6．前方、合流地点あり

　一方で、全体の細分化3（相手過失型）については車以外の飛出しであり、さらに4（自車過失型）は自車側の脇見や漫然であり、発生場所は様々に考えられパターン化が難しい。

　ここまでを踏まえると、一般道・直進時の教育は自車過失型と相手過失型に分けることと、相手過失型の対車についてを細分化し、さらに全体を相手が車かそれ以外かで分けることができる。このような枠組みを想定し教育の方針を立てる必要がある。教育の方針は図5-3のようになる。

図5-3 教育の方針

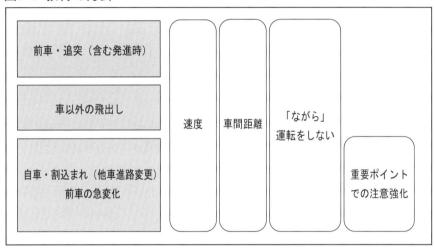

　まず、一般道・直進時のすべての事故や危険に共通の対策は、速度遵守、適正車間距離の維持、「ながら運転」防止の3つである。交通環境や相手の状況に関わらず、これらの3つのいずれかがあれば、すぐさま事故や危険につながる。これらの防止と、比率としては決して少なくない対車の相手過失型が起きやすい場面での注意強化をセットにして教育を行うとよいだろう。次項以降では、図5-3の枠組みに従い、前車への追突（含む発進時）、車以外の飛出し、自車・割り込まれ（他車進路変更）及び前車の急変化の3つについて、さらに教育内容を具体化する。ここでも交差点・直進時と同様に、パターン毎にまずはフィルター教育内容を示し、安全習慣教育にも役立つ内容を含め、改めて安全習慣教育のポイントをまとめることとする。

一般道・直進時（前車への追突、含む発進時）

教育の目安：フィルター教育

　このパターンは前車の急変化を除く自車過失型のものとする。自車過失では、低覚醒状態（居眠りを含む）、脇見・漫然運転が主である。低覚醒は労務的な要因や自身の体調が要因になり、脇見・漫然は「ながら運転」による要因が多い。自車過失型は自らの運転により事故防止ができるもので、かつ、走行中でもっとも多い運転場面であり、安定した確認行動を徹底するためにフィルター教育として扱う。

俯瞰図５　一般道・直進時（前車への追突、含む発進時）

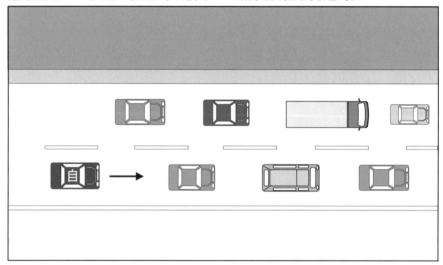

◆フィルター教育時のポイント

　自車側過失の主な要因となる低覚醒、脇見・漫然運転は、前方のドラレコ映像上で捉えることはできない。一方で、自車側過失の映像を集合形式の教育として扱うことは慎重に行わなければならない。もっとも避けなければならないのは、ドライバー過失に焦点が当たりすぎないことである。ドライバーの個人状況はもちろん、ミスやエラーにドライバーのイメージが付いてしまうことがないように注意をしなければならない。たとえば、次のような映像の扱いも控えるべきである。

＜映像の紹介例＞

　この映像は、Ａ営業所のＢさんの脇見運転によるヒヤリハットです。（この場合のＡ、Ｂは文字通り、企業内でも匿名であったとする。）
　企業内でも匿名ならばよいというわけではない。この紹介の仕方は

ミスを起こした営業所とドライバーが主体になるものであり好ましくない。企業内の集合形式の研修で活用する場合は、ドライバーの個人情報をデータ加工したうえで、ドライバー本人の活用の了解を取り、次のような紹介の仕方が望ましい。

＜映像の紹介例（上記を修正した例）＞

　ミスは誰にでも起こります。一般道・直進時は脇見が起きやすく、どのような場面でミスが起きやすいかを継続的に学習する必要があります。社内の例を使って、脇見が起きやすい環境を整理しましょう。

　ミスは誰にでもあるという前提を常に持ち、起きやすい場面を参加者と考えるような流れになることが望ましいだろう。自車側過失のフィルター教育では重要な考え方である。

◆事故や危険のポイント（フィルター教育対応）

　自車側過失が起きやすいポイントを以下の4つに示す。一方で、自車側過失が起きにくい状態は、交通環境が複雑であるとか、狭路などの運転が難しいところである。運転の負担が大きいためである。ただ、こうした場面は低覚醒や脇見・漫然は起きにくいものの、運転ミスや判断ミスは起きやすく危険な環境である。また、速度は低速度で起きやすいが、道路環境が単調になると高速度でも起きる。

1．低速・渋滞中
2．巡行・閑散中
3．停止から発進中
4．注視対象物付近

解説

　巡行・閑散中というのは渋滞がなくスムーズに走行できていて、しかも通行車両が少ない状態である。低速・渋滞中と合わせ運転負担が少なく、運転以外のことに注意が向きやすく、眠気も起きやすい。また、停止から発進中は渋滞でも閑散でもあることだが、停止が伴うことで、発進と停止の間で運転以外のことに注意が向いてスマホや作業をするタイミングを作ってしまう。それが停止中だけで止まらずに発進中も続いてしまうことが多い。さらに、注視対象物とあるが、これはドライバーにより興味や関心が異なるため一概には特定できない。しかし、代表的なものでは工事現場、事故現場などがあり、それらの付近で追突事故が重なることなどは少なくない。

◆**安全運転のポイント（フィルター教育対応）**
・3原則の徹底
　（速度遵守、適正車間距離の維持、「ながら運転」をしない。）
・停止中はフットブレーキ以外のブレーキも使う。
・走行中は広角レンズの意識を持つこと。

解説

　まずは、3原則の徹底を意識することである。しかし、実際に3原則を実施すると、速度を押さえ、車間距離を広めることで、「ながら運転」がしやすくなり、眠気が増すなどの状況を作りやすい。また、一般道・直進時は大半の運転場面のため、注意のメリハリもつけにくい。したがって、3原則の意識はしつつも、次の2つのポイントを実践するとよいだろう。

　まずは、停止中に2つのブレーキを使うことである。「ながら運転」は携帯への着電など、走行中に起こることもあるが、停止中に始まることが多い。したがって、停止中に運転以外のことをしていたとしても、発進には持ち込まない習慣作りをすることは事故防止に役立つ。この場合はフットブレーキだけではなく、駐車ブレーキの解除を伴うことで、すぐには発進ができないため、他の作業を切りやすい。さらに発進自体が遅れるので、発進時の追突事故も防止できる。

　次に、走行中は広角レンズの意識を持つというのは、基本的には走行中に一点を注視や凝視をしないことである。その分、他への注意がなくなるからである。一点に集中するのは自身がズームレンズで交通環境を捉えていることになる。そもそも交通環境は一点でできあがっていることはなく、まとまった環境としてできている。したがって、それらの全体を常に把握しておかなければならない。走行中は常に広角レンズで捉えることが求められる。このように、全体を把握すると、ドライバーに入る情報量が増えるため、運転以外の作業をすることが難しくなる。

　教育では、一般道・直進時の3原則の意識づけだけではなく、停止時の工夫と、走行中になるべく多く情報を入れることを行動目標とするとよい。ドラレコの活用でも、自車過失のファクトを掘り下げるのではなく、実際の映像から停止時の工夫や情報の取り込みをどのように行うことができたか、また、行うべきかを話し合うなどにより、その後の運転への動機づけをするとよいだろう。

◆安全習慣教育のポイント

　前出のフィルター教育の安全運転のポイントと解説を準用すること
でよい。事故や危険が認知段階のミスか、判断段階のミスかを見極め、
その後の指導はポイントを徹底することでよい。たとえば、前車の急
停止による追突危険であっても、それが予測できたかどうかを管理者
とドライバーで話し合い、予測できたものであれば判断段階のミスと
なるが、その後の指導は先に示したフィルター教育の安全運転ポイン
トを準用することでよいということである。

◆ドラレコデータの見分け方

　自車過失型の事故や危険はドラレコデータ上で特定するのは難しい。
確かにドライバーが低覚醒か、脇見・漫然運転かを前方カメラの映像
だけで判別するのは難しい。前方と車内カメラの双方を装着していれ
ば場所と運転行動を特定することはできるが、本書ではそれを前提と
せず、導入の大半を占める前方カメラだけを使って、データの仕分け
をする方法を示す。

　端的に言えば、以下のような引き算となる。

> 一般道・直進時の事故や危険映像 －（前車急変化＋他車の急な
> 割込み＋車以外の急な飛出し）映像 ⇒ 自車過失型の追突映像

　つまり、低覚醒とか、脇見・漫然とか、それだけを特定しようとす
ると、それだけを特定するための装置やツールが必要になる。しかし、
予め映像を分類する基準を持っていれば、このように対象ではないも
のを取り除くことでデータを抽出することができる。ただし、この引
き算により抽出されたデータは、あくまで自車過失型の候補である。
さらに、ここから速度やアクセル、ブレーキ、ハンドル操作のデータ
をベースに、当該ドライバーと確認しなければならない。

　また、自車過失型かどうかの判定は、前車の急変化、他車の急な割
込み、車以外の急な飛び出しのそれぞれについて、どのように定義す
るかにより大きく異なる。この点について、それぞれを次頁のように
定義する。

○**前車の急変化**⇒自車が速度遵守、適正車間距離を維持していることを前提に、前車のさらに前方の変化（前々車の右左折など）が認知できなかった場合、あるいは前車のみが急減速をして自車の回避が困難な場合を指す。

○**他車の急な割込み**⇒自車が速度遵守、適正車間距離を維持していたことを前提に、相手が合図を出さず割込みをした場合、車線減少などにより割込みが予測できなかった場合、あるいは強引な割込みで自車の回避が困難な場合を指す。

○**車以外の急な飛び出し**⇒自車が速度遵守、適正車間距離を維持していたことを前提に、自転車・歩行者が信号無視をして飛出した場合、あるいは自車から予め認知ができない死角などから飛出しをされた場合、その他、想定できない飛出しで自車の回避が困難な場合を指す。

　上記のような定義は、他車の過失を定義する一方で、自車側の安全運転義務も規定している。それは速度遵守と適正車間距離の維持はもちろん、前車の急変化では前々車の動きを見ているかにつながり、他車の割込みでは車線減少の予測をしているかにつながり、飛出しでは自車が予め対象を認知していなかったかどうかであり、これらのことを自車側に求めたうえで他車の過失を判定することである。もちろん、これは安全教育上の規定の例であり、交通事故の過失判断とは異なる。ドラレコの活用では映像分類の基準を明確にしておくと、教育への活用の幅が広がり、内容も豊富になることを述べておきたい。

B 一般道・直進時　車以外の飛出し

教育の目安：フィルター教育

　交通事故全体のなかでは歩行者や自転車の飛出し事故の頻度は少ない。しかし、発生した場合は、ほぼすべてが人身事故となり重大事故につながり、歩行者や自転車に対する適切な認知と自らの回避が重要になる。適切な認知がフィルター教育に該当し、自らの回避が安全習慣教育となる。内容はフィルター教育を中心として、安全習慣教育に活用するポイントを改めてまとめる。

俯瞰図6　一般道・直進時　車以外の飛出し

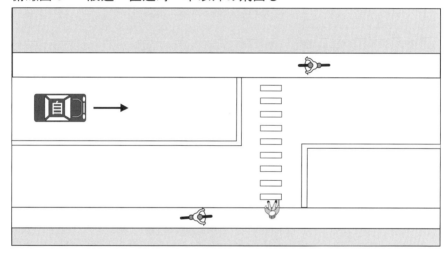

◆事故や危険のポイント（フィルター教育）
1．横断歩道及びその付近（信号無視）
2．信号のある交差点付近
3．渋滞道路

<ドラレコ活用のポイント>
　一般道・直進時の相手の飛出しに関する映像を抽出したら、上記の3つのカテゴリーに分ける。教育では、相手の飛出しだけに焦点を当てず、どのような場面で発生したかを掘り下げる。たとえば、2の信号のある交差点付近では、昼間か夜間か、信号の変わり目かどうか、周囲に特徴のあるものはないかなど、重要なことは1つの例を1つで終わらせない掘り下げをすることである。1つの事例に、様々な要素を入れ、地点ではなく、場面の特徴として捉え、教育の再現性を持た

せるようにしたい。

解説
歩行者や自転車の飛出しは様々なところで起きておりパターン化が難しい。むしろ、特定をせず、常に自転車や歩行者を探すような運転が望まれる。ただ、少なくとも、上記１～３は自車側が注意を強化しなければならない。信号のある横断歩道では、歩行者側の信号無視も想定され、信号だけではなく周囲のカバーが必要である。また、信号のある交差点での自転車や歩行者の信号無視、交差点付近の無理な進入や横断にも注意が必要である。さらに、渋滞道路は死角から歩行者や自転車が横断しやすく注意が必要である。とくに夜間に多い。

◆安全運転のポイント（フィルター教育）
１．横断歩道前は一時停止をする。
２．自転車の加速追い越しを控える。
３．車道付近の歩行者は両サイドに注意をする。
４．渋滞車両、駐車車両など車道上の死角付近では歩行者と自転車を探す。
５．夜間運転は昼間に比べ速度、加速を控える。

解説
　まず、横断歩道前は横断者及び横断しそうな歩行者がいた場合は一時停止である。これは道路交通法第38条にもあり遵守義務である。しかし、教育には注意が必要である。この規則だけを徹底しようとすると、横断歩道以外の危険に対する感受性が弱まる。もっといえば、「横断歩道でさえ止まれば、あとは車優先で構わない」と思い込むドライバーが出てしまう可能性がある。規則を守ることと事故を防止することを一つにまとめず、事故を防止するための一つに規則があると考えるようにしなければならない。
　次に自転車の加速追越しである。加速して追越しとは当然のようだが、もともと車と自転車には速度差があるはずである。したがって、追越しは、もともと速度が高い車側がさらに加速をして、速度の低い自転車を追い越す必要はないのである。車の自転車への追越しは加速ではなく速度差で行うようにすることである。車対自転車の事故は車側の追越し時に多いので注意したい。

　車道付近の歩行者について両サイドに注意を向けることは当然のようだが、実際には十分できていないドライバーが多い。つまり、自車線側の左方の歩行者はよく見ているが、右方向にはあまり注意を向けていないということである。また、歩行者事故ではドライバーから見て右方向から横断してきた場合に事故に遭うことが多い。歩行者から見ると横断の後半に事故に遭うことが多いということである。ドライバーは自車線側の歩行者への注意に集中せず、両サイドにバランスよく注意を向ける必要がある。

　渋滞車両や駐車車両の間から自転車や歩行者が飛び出すという事故も多い。これは企業が行う危険予測トレーニングの教材にもよく使われる場面である。危険予測トレーニング上では、ほとんどのドライバーが渋滞車両や駐車車両の死角から何かが飛び出してくる危険を指摘することができるが、実際の運転ではその予測を生かして、たとえば対向車線が渋滞であれば、速度を落とし、危険回避する準備をした運転をしているかというと、そのようなドライバーは少ない。

＜危険予測トレーニングで使われるイラスト例＞

　最後に夜間である。夜間の歩行者事故は昼間の4倍近くある。したがってドライバーは交通環境に関係なく、夜間というだけで運転中の注意を強化しなければならない。具体的には速度を落とし、左右からの進入をよく確認するということである。

＜ドラレコ活用のポイント＞
　映像の確認をして事故や危険の発生した場所を掘り下げたら、次にドライバーの運転チェックを行う。一般道・直進時の３原則（速度遵

守、適正車間距離の維持、「ながら運転」をしない）ができているかと、上記に掲げた5つのポイントに問題がなかったかどうかをチェックする。これらを踏まえ、ドライバーの運転のどこに課題があったかを話し合い、他のドライバーの日常運転の情報共有を行い、改善すべき内容や目指すべき内容を参加者で確認しあうとよいだろう。

◆安全習慣教育のポイント

フィルター教育の安全運転のポイントと解説を準用する。安全運転のポイントを安定的に実践できていれば判断を誤ることはほとんどないだろう。歩行者や自転車に対する運転は、単純な認知のタイミングだけではなく、安全習慣として運転のポイントの内容を日常で安定的に実践できているかどうかが重要であろう。安全習慣教育では、歩行者や自転車との危険がない映像を活用して、フィルター教育で挙げたポイントが意識されていて実践できているかどうかをチェックすることも有効である。

| コンサルティングの現場から | 安全教育の論点 9 |

歩行者保護運転の徹底

筆者は企業から事故防止に役立つよい取り組みはないかとよく聞かれる。ここ数年、筆者からの回答は歩行者保護運転を徹底することにしている。これは愛知県豊田市がトヨタ自動車などの地元企業と連携をして、歩行者保護を目的としてモデルカー活動などを展開した事例を参考にしている。モデルカーとは、活動に参加するドライバーが、速度遵守、横断前一時停止、早めのヘッドライト点灯の3つを掲げ、車にはステッカーを貼り、安全運転を実践するものである。この他にも歩行者保護に関する地道な取り組みを続けていた。筆者は同市の取組みをしている期間に、何度か豊田市を訪問しているが、横断歩道での一時停止の割合は他の大都市圏と比べても格段に高いと感じたものである。こうした取り組みだけではないだろうが、昨年末、愛知県は交通事故死者ワースト県を16年ぶりに返上している。

この取組みで重要なことは、事故防止の取組みを自身の過失をなくすことだけに終始せず、歩行者という他者を守ることで徹底させよう

としていることである。これは交通事故を防止するための本質的な考え方にも通じるものであり重要である。運転は車という密室で行われるため、もともと外部とのコミュニケーションが遮断されやすい。ドライバーも外部への関心を積極的に持たなくなり、せいぜい自身に関わるごく近い周囲にしか目が届かなくなる。しかし、事故や危険の元は、自車とその周りだけにあるわけではなく、さらに広い範囲の危険や異常が自身にまで影響することが多い。言い方を変えれば、自身が注意の範囲を広げることにより、危険や異常を早めにキャッチすることができる。

　事故防止の教育をするためには、自身の注意範囲を広げる必要があるということである。しかし、自身の過失の有無だけに終始するとその注意範囲はどんどん狭くなるが、他への関心を持つとその範囲はどんどん広くなるということである。この点で歩行者保護運転は、保護という目的とともにドライバーの注意範囲を広げることにつながるのである。こうした点も考慮に入れて、企業では歩行者保護運転の強化をするとよいだろう。

C 一般道・直進時　相手過失型（割込み、前車の急変化）

　　相手過失に該当するものは、前車の急変化と急な割込みをされることである。この判定については、すでにAの項（142頁）で述べているので参考にしていただきたい。前車の急変化と割込みは、交通環境上で起きやすいパターンがあるのでフィルター教育によりそれらを明らかにする。教育上で注意したいことは、一般道・直進時の事故や危険を分析するとこの相手過失型が多くなりやすい。一方で、Aの項で示したように、相手過失の定義は自車ドライバーに厳しくしてあるため、その割合が減る可能性もある。教育では、相手過失は多くなりやすいが、自車の対応次第では事故や危険までに発展しない可能性があることを理解してもらうことが重要である。

俯瞰図 7

【1】前方、進路変更禁止ゾーン有

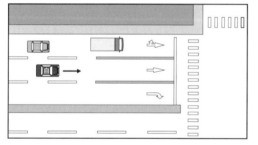

【4】前方、丁字路有

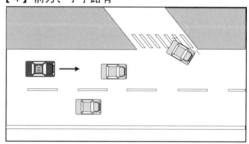

【2】前方、低速車有

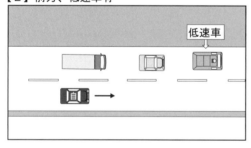

【5】前方、施設有

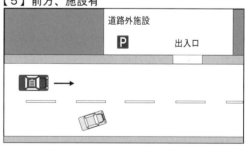

【3】前方、工事箇所有

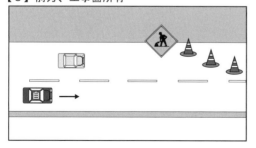

【6】前方、合流地点有

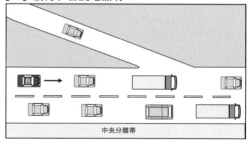

◆**事故や危険のポイント（フィルター教育）**

　相手過失となる前車の急停止や急な割込みが起きやすいのは以下の5つのポイントである。

1　進路変更禁止ゾーン手前・左右車両
2　左方駐車車両有・左方前後車両
3　前方工事車両など（低速車両）・左右からの前後車両
4　左前方施設有・前車の急な左折
5　前方分岐点有・前後車両

解説

　上記の各項目に共通していることは、前方で車線減少が起こるか、あるいは急減速や停止が起きやすい場面である。したがって、いずれの項目も自車から見ると、前方の左右から割込みを受けるか、または前車が割込みを受け急減速や停止をする場面である。これらの場面では、車線減少による前方の詰まりを予測し、速やかに減速をする必要がある。

＜ドラレコ活用のポイント＞

　5つのポイントは一般道・直進時、前方に詰まりが起きやすい場面を特定している。前方の詰まりを1つのカテゴリーとして捉え、ドライバーが映像を見ることによりこれらの5つ以外にも前方の詰まりを予測するように促すことが重要である。教育では前方の詰まりをテーマとして映像を見せ、起きやすい場面を教育後もイメージできるように繰り返し行うとよいだろう。前方の詰まりへの関心をドライバー自らが持つことは、自身の注意範囲を広げる効果もあり、事故防止にきわめて有効である。

◆**安全運転のポイント（フィルター教育）**

1．前方の詰まりを予測するために、直前ではなく100m程度先を見通す運転を心がける。
2．詰まりを予測できたら速やかに減速を行う。追い越しをむやみに行わない。
3．前車の急減速や前方からの急な割込みに対しても減速により回避すること。急激な進路変更をしないこと。

（解説）

　ここでは２つのことが重要である。ドライバーの注意範囲を広げる教育を行うことと危険回避は減速により行うことである。

　安全運転の大原則は速度遵守と適正車間距離の維持である。一般道・直進時は、これに「ながら運転」の防止を加えている。これらはいずれも重要なのだが、一方でこれらの対応は自車内及び前車との間で完結してしまう傾向がある。速度は速度メーター、車間距離は前車との間、「ながら運転」も自車内で完結するものである。つまり、自身の運転態度の意識はできるが、注意を広げるという観点からは必ずしも十分とはいえない。歩行者保護運転のコラム（146頁参照）でも述べたが、歩行者や自転車を探す運転も、前方の詰まりを予測する運転と同様に注意範囲を広げるものである。

　企業の安全教育では、前項の飛出しと本項目の相手過失型のパターン学習を通じて、ドライバーの注意範囲をなるべく広げるための動機づけをすることを目的としたい。したがって、「事故になっても仕方がない」パターンなどの位置づけは決して行わないように注意したい。

＜ドラレコ活用のポイント＞

　前にも述べたが、相手過失型の事故や危険は少なくない。まず、企業では一般道・直進時の映像を収集したうえで自車過失型と相手過失型に分類する必要がある。相手過失型が多い場合は、安全教育のテーマを「歩行者・自転車探しと前方の詰まり予測」とし、そのうえで映像を見せ、自身の日常運転がどこまで自転車や歩行者を見通せていたか、また前方の詰まりを意識できていたかを参加者の間で話し合い、その後の運転改善を考えるような機会を作るとよいだろう。また、相手過失型が少ない場合でも、このテーマでの教育は重要なので、注意範囲の拡大の重要性に関する教育を行うとよいだろう。

◆安全習慣教育のポイント

　フィルター教育の安全運転のポイントと解説を準用する。ポイント１の見渡す運転はドラレコ映像上では判定ができないが、管理者とドライバー間で特定場面を材料として話し合い、日常の運転状況を確認しておくことでよい。

③ 交差点・右折

　企業の事故をパターン毎にリスクマップ上に示したモデルをすでに紹介した（92頁参照）。このなかで、重度がもっとも高い事故が右折事故であった。企業内で起きた右折事故を分析する場合、まずは信号の有無を分ける必要がある。重要なパターンなのでさらに詳細に分類をする。具体的には、信号有の場合は右折専用信号下で起きているか、あるいは、右折信号はあるが、右折自体は自車が直進青信号下でも可能かどうかを分ける。これらの分布は企業により傾向が異なるため、まずは企業毎に分類する必要がある。

　上記で述べた右折に関する事故や危険を分類する場合、分類が複雑になる信号有交差点・右折について以下のようにまとめておく。

信号有交差点・右折事故や危険

分類1　右折信号の種類
① 右折専用信号
② 右折信号有、直進時右折可
③ 右折信号無

分類2　事故や危険の相手
図5-4の①〜⑧のいずれか

分類3　事故原因
① 自車の信号無視
② 相手の信号無視
③ 自車の安全不確認
④ 相手の安全不確認

図5-4

②対向直進二輪車
③対向直進自転車
①対向直進車
④対向歩行者
右折自車
⑤同方向歩行者
⑥同方向二輪車
⑦追越直進車
⑧後続直進車

前記以外は信号無交差点・右折となるが、その分類は以下のように
する。

```
┌─────────────────────────────────────────────┐
│          信号無交差点・右折事故や危険             │
│                                                 │
│  ┌──────────────┐       ┌──────────────┐    │
│  │ 分類１　右折信号の種類 │       │ 分類３　事故原因  │    │
│  ① 信号無・自車優先          ① 自車の不停止      │
│  ② 信号無・自車非優先        ② 相手の不停止      │
│                             ③ 自車の安全不確認    │
│  ┌──────────────┐       ④ 相手の安全不確認    │
│  │ 分類２　事故や危険の相手 │                        │
│   図5-4の①〜⑧のいずれか                        │
└─────────────────────────────────────────────┘
```

　上記のような分類の目安に基づいて、まず、自社の傾向を捉えるこ
とを行う必要がある。たとえば、次のようなパターンなどを作ること
ができる。

【比較的多いパターン】

・信号有交差点・右折の場合
　右折信号有、直進時青信号右折可、対向車、自車側の安全不確認
・信号無交差点・右折の場合
　相手の安全不確認、対向自転車、自車側の安全不確認
　交差点・右折については、上記のようなパターン分類をしたうえで、
次頁以降で、信号有と信号無交差点に分けて、教育内容を具体的に示
す。

A 信号有交差点・右折

信号の有無を問わず、右折時は安全確認をしなければならない箇所が多数あることが特徴である。交通環境のなかでもっとも安全確認箇所が多いと言える。したがって、確認ミスが起きやすく、フィルター教育のなかで安全確認箇所とタイミングを明確化し行動を徹底する必要がある。また、信号有交差点の場合は、信号の形態によりリスクが異なるため、さらに教育を丁寧に行う必要がある。

俯瞰図8　信号有交差点・右折

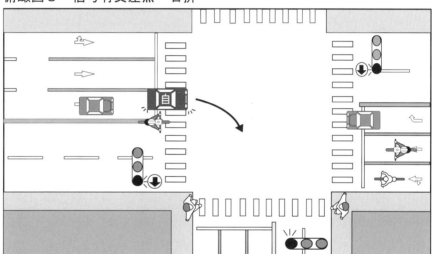

◆事故や危険のポイント（フィルター教育）

右折時は事故や危険の相手、その際の自車の状態などが多岐にわたるため、前項で示したように、信号有・交差点のパターンを細分化する。そのうえで、自社の事故や危険で頻度の高いものを抽出する。以下に分類方法を再掲する。

信号有交差点・右折事故や危険

分類1　右折信号の種類	分類3　事故原因
① 右折専用信号	① 自車の信号無視
② 右折信号有、直進時右折可	② 相手の信号無視
③ 右折信号無	③ 自車の安全不確認
	④ 相手の安全不確認
分類2　事故や危険の相手	
図5-4の①～⑧のいずれか	

153

　３つの分類により事故や危険のパターンを作るが、信号有交差点・右折の場合は分類１の右折信号の種類が重要である。リスクは①＜②＜③と考えてよく、右折時の交通整理が十分でなければないほど高いと言える。交通整理がされていないとドライバー間の判断にギャップが出やすく、また、ドライバーによってはリスクの高い右折をしてしまうからである。また、分類２では、事故や危険の相手になりうる対象が８つもあることを改めて認識をしておきたい。さらに、分類３では信号有交差点の場合は、①か②のいずれかの信号無視によるもの、あるいは変わり目進入が原因となりやすいが、分類１にもあるように、信号有でも右折に限り、実質的には信号無と同じ状況になることもあり、③と④のどちらかの安全不確認も想定しなければならない。冒頭でも述べたが、右折事故は重大事故になりやすいため、安全教育も丁寧に行う必要があるが、その前提としてここに示した分類とリスクの洗い出しは不可欠と考えたい。

【省略と先行】

　右折時の安全教育を行う際に大事なポイントがある。それはすでに示したように、右折時は安全確認箇所が８つもあり非常に多いということである。これらの確認を右折前と右折中に安定して確実に行うことが安全運転の前提となる。

　しかし、ヒトの瞬間視力は前方の視界にあるものから、同時に把握できるのはせいぜい３つから４つ程度である。したがって、ヒトは首を動かしたり、目を動かしたり、走行中であれば速度を緩めながら確認行動をしなければならない。これは理想であるが、実際には必要な安全確認を確実に実践しているドライバーは少ない。たとえば、右折時では対向車とその後方くらいはカバーしているが、その他の確認はほとんどせずに右折をすることが多い。これは必要な安全確認箇所をカバーしていない状態で安全確認を省略していることになる。これを「省略」と呼ぶ。これだけではなく、右折後の横断歩道への進入が想定される自転車や歩行者の確認は右折中だけではなく右折前にも必要である。しかし、それらの確認が右折中に後追いで行われることが多い。これは必要な安全確認を操作の前に完了していない状態で、運転操作が確認よりも先行していることになる。これを「先行」と呼ぶ。このように、右折時は省略と先行が出やすく、このことが事故の直接

的原因になりやすい。事故防止では、まずは自車側が右折時の先行と省略を起こしていないか、また、どのようにすればそれらを防止できるかが重要である。

＜ドラレコ活用のポイント＞

映像を先の基準により分類することでリスクの特徴を明確化しやすい。漠然と右折時に注意するのではなく、もう一段具体的にして、信号有交差点、右折信号なし、対向車、自車安全不確認などと特定し、パターンのうち多いものを材料とすることが求められる。また、注目すべきは自車側の安全確認が十分にできていたかどうかである。これは安全確認そのものになるため、ドラレコの前方映像だけでは確実に把握できない。次項の安全運転のポイントを参考にして各右折時の映像をチェックし教育をするとよい。

◆安全運転のポイント（フィルター教育）
＜安全確認が十分できない右折＞

・右折速度が速い。
・右折が必要以上に小回りである。
・発進後右折の場合、発進前確認のタイミングが短い。
・走行中右折の場合、右折前の減速が十分ではない。

解説

右折の場合の安全運転のポイントは、安全確認が十分にできない右折を予め既定し、それを防止する運転行動を心がけるようにリードする。まず、右折中の速度を押さえる必要がある。ただし、交差点規模により右折速度も異なるため、ここでは右折中にアクセルを踏み込み、大きな加速がかからないようにすることである。次に、小回りの右折は危険な右折の典型である。図5-5にあるように、小回り右折は右折のショートカットであり、右折軌道も小さくなる。このような右折は短い右折となり、右折時に必要な安全

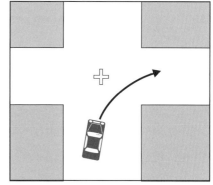

図5-5 小回り右折

確認が困難となる。また、信号有交差点の右折は信号の状態により、自車側の信号赤の状態の停止から発進後に右折する場合と、信号青の状態で交差点に進入し右折する場合がある。前者の場合は、発進前の安全確認が重要になるが、変わり目より早めに発進することや、発進そのものが急発進になるなどは発進前の確認タイミングが短いと考えるべきだろう。さらに、後者の場合は、右折前の減速が必要であり、減速をして右折時の確認を円滑に行う必要がある。しかし、信号青だけを頼りにして、むしろ加速して進入するなどは危険な右折行動としなければならない。

◆安全習慣教育のポイント

フィルター教育の安全運転のポイントと解説を準用する。これらのポイントは確実な認知と注意をするためのものであるが、同時に適切な判断をするための安全運転方法でもある。事故や危険が認知か判断かのいずれかにより場合分けをする必要はあるが、実践すべき安全運転方法は同じと考えてよい。

＜ドラレコ活用のポイント＞

従来の右折時の事故防止は、右折時に対向車だけではなくその後方をよく確認することや、右折後の横断歩道上の確認も怠らないことがよく言われた。これらのことは重要であるが、ドラレコの活用により、ドライバーの実際の右折の仕方がよく分かるようになった。その課題は右折タイミングが早いこと、右折軌道が小さいこと、右折速度が速すぎることである。ドラレコ活用では、これら３つの課題が映像毎にどうであったか、どこに課題が大きいかをチェックすることが教育そのものになる。企業の管理者だけではなく、ドライバーでも、右折時の課題を抽出できるように教育することも有効である。たとえば、右折時の危険映像を材料とした場合、その当事者ではないドライバーを対象として、予めチェックポイントと課題になるポイントを共有したうえで、ドライバーにより右折評価をしてもらうような教育である。このことにより、ドライバー自身が右折時の課題を見つけられるようになるため、実際の自身の運転にも反映しやすい。また、企業側が右折時に何を重視しているかもドライバーに伝わりやすいこともメリットである。

＜事故多発交差点情報の活用＞

　自社の分析から右折事故や危険の傾向をつかむことを述べた。これは対策には不可欠であるが、前にも述べたように、右折場面の事故や危険の重度は高いが、発生の頻度は必ずしも高くない。したがって、教育のための材料が不足することがある。しかし、右折事故は重大化しやすいので教育は必要である。事故や危険のデータがなくても、継続的にテーマとして取り上げる必要はあると考えなければならない。ここでは、警察などが情報提供している事故多発交差点の情報を活用する方法を紹介する。これは、自社内の事故ではないが、自社が属するエリア内の事故防止策を考えるという意味では、むしろ積極的に取り入れたいものである。

　事故多発交差点の情報は各都道府県の警察のホームページから得ることができるほか、日本損害保険協会の事故多発マップからも確認できる。これらを使い、事故多発交差点のなかの右折事故のリスクを企業内で話し合うことが有効である。一般に公開されている事故多発交差点の情報には以下の３つの特徴がある。

１．事故多発は事故率ではなく事故件数による評価である。
２．大半が大規模交差点である。
３．事故多発交差点で発生している事故の詳細は公開されていない。

　交差点毎に通行量を測定し、それに対する事故を評価していないので、公開されている事故多発交差点は、リスクそのものが本質的に高いかどうかは言えないし、結果的に交通量の多い交差点が抽出されやすく、このため大規模交差点になりやすい。また、当該交差点の事故の内容や内訳の詳細を知ることは手間が掛かり、入手できない場合もあるので、事故の詳細をデータとして教育することが難しい。

　筆者は東京都交通安全協会の機関誌である交通安全ジャーナルのなかで「事故多発交差点のなぜを探る」という連載（2018年5月〜隔月）を担当している。これは警視庁からの情報を基に都内の事故多発交差点を詳細に調べた内容を扱っている。これまで、すでに11箇所の調査をしたが、このなかで右折事故の割合が交差点全体の事故の半分を超える交差点が全体の70％を占めた。しかも、いずれも大交差点なので信号有交差点である。したがって、信号有交差点・右折時の教育材料として、地元で公開されている事故多発交差点を扱うことは有効であると考えられる。次に事故多発交差点の事例を示し、自社で教育する際の進め方の参考にしていただきたい。

【事故多発交差点の事例　右折時教育】

○熊野町交差点（東京都板橋区）

　この交差点は川越街道と山手通りが交差し、山手通り側は首都高速5号池袋線の北池袋の分岐付近の真下に当たる。都内の事故多発交差点の一つである。事故は右折信号有、直進青でも右折可の右折時の車両相互事故が多い。

写真5-1　熊野町交差点

図5-6　熊野町交差点の道路形状

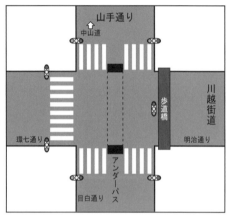

　写真5-1をみると、中央分離帯が広く高速道路の高架下になるため、特に右折車から直進車を確認する際に死角が大きくなりやすい。また、夜間はより見えにくくなる。信号有の右折事故の原因では、右折車あるいは対向車の信号無視が多いが、このように、右折信号有、直進青時でも右折可の環境下での右直事故も多いことを覚えておきたい。

Ｂ 信号無交差点・右折

教育の目安：フィルター教育

　前項でも述べたように、信号の有無を問わず、右折時は安全確認をしなければならない箇所が多数ある。交通環境のなかでもっとも安全確認箇所が多いことは信号無でも変わらない。したがって、確認ミスや不確認が起きやすく、フィルター教育のなかで安全確認箇所とタイミングを明確化し、行動を徹底する必要がある。また、信号無交差点の場合は自車が優先か非優先かの区別を行い、実際の教育を行う必要がある。

俯瞰図９　信号無交差点・右折

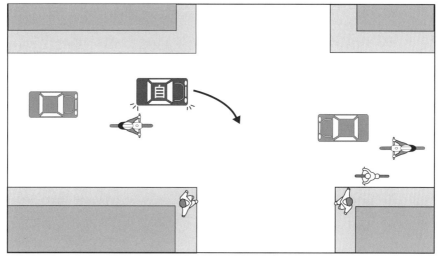

◆事故や危険のポイント（フィルター教育）

　右折時は事故や危険の相手、その際の自車の状態などが多岐にわたるため、前項で示したように、信号無・交差点のパターン化をして細分化する。そのうえで、自社の事故や危険で頻度の高いものを抽出する。以下に分類方法を再掲する。

信号無交差点・右折事故や危険	
分類１　交差点の形態	分類３　事故原因
①信号無・自車優先	①自車の不停止
②信号無・自車非優先	②相手の不停止
分類２　事故や危険の相手	③自車の安全不確認
図5-4の①～⑧のいずれか	④相手の安全不確認

解説

　信号有交差点と同様に３つの分類により事故や危険のパターンを作る。信号無交差点・右折の場合は、まず分類１の自車優先か非優先かの区別を行う。信号無交差点は信号有に比べ交通整理が優先か非優先かでしかなされていないため、ドライバー行動が均質化されにくくリスクは高いと考えなければならない。交通整理が十分ではないだけ、自車は優先、非優先に関わらず注意強化が求められる。また、分類２では、事故や危険の相手になりうる対象が８つもあることを改めて認識をしておきたい。これは信号有と変わらない。信号無の場合は横断歩道の設置がないなど、より交通整理がなされていないと考えられる。さらに、分類３では信号有交差点の場合は、①と②のいずれかの停止すべきところを停止しなかったことによるもの、あるいは③と④のどちらかの安全不確認ということである。冒頭でも述べたが、右折事故は重大事故になりやすいため、信号有交差点と同様に安全教育も丁寧に行う必要があるが、その前提としてここに示した分類とリスクの洗い出しは不可欠と考えていただきたい。

＜ドラレコ活用のポイント＞

　信号無交差点・右折の場合は、信号無交差点・直進と同様に、自車優先か自車非優先かの分類を行い、どちらが多いかをチェックする必要がある。ただし、前項の信号有交差点でも述べたが、信号無交差点の場合も事故や危険が少ないことが想定される。したがって、数件の場合はわずかな差となるので、どちらの頻度が高いかを決めることはしないほうがよい。一方で、業種により、住宅街や生活道路を走行することが多い業務の場合は、信号無交差点の頻度が高くなる場合もあるので、そのような場合は注目しておきたい。また、信号無交差点・右折の事故や件数が少ない場合は、信号無交差点のパターンをすべて含めて自車優先か非優先化かの区別を行うのもよいだろう。いずれにしても、自車優先時と非優先時に分けて、それぞれで課題を抽出し教育を進めることを前提としたい。

◆安全運転のポイント（フィルター教育）
【自車優先時】
＜交差点進入時〜右折＞
・アクセルを踏み込まないこと。大きな加速をしないこと。

・左右を捉えるタイミングを作ること。
・見通しの悪い交差点では、左右を伺うタイミングを作ること。
・右折は交差点中央を自車の左前輪がわずかに内側に来る程度の軌道を意識すること。

【自車非優先】
＜交差点進入時～右折＞
・見通しの良い交差点では停止線手前で２秒以上の停止をすること。
・停止中に左右を伺うこと。
・見通しの悪い交差点では二段階停止を行うこと。
・一段階目と二段階目の間は最徐行すること。
・二段階ともに２秒以上の停止をし左右を伺うこと。
・右折は交差点中央を自車の左前輪がわずかに内側に来る程度の軌道を意識すること。

図5-7 右折軌道のポイント

交差点の中心

クルマの左の前輪と中心の内側が重なるイメージ

クルマの左ボディの先端と中心の内側が重なるイメージ

(解説)
　信号無交差点・右折時のポイントは、信号無交差点・直進時のポイントに準ずる。これに右折そのものの安全運転方法を加えるイメージである。したがって、右折行動までのポイントは、信号無交差点・直進時と同様なので割愛する。右折時であっても進入時の運転方法が決め手になるので注意が必要である。
　右折の運転方法は小回りにならないことが重要であった。ショートカット右折をしないということである。さらに安全運転のための右折

は図5-7のように、なるべく大きく回ることである。自車の左前輪が、交差点中央のすぐ内側を通るくらいをイメージするとよい。右折は鋭く曲がるのではなく、滑らかに回るような軌跡を意識するということである。こうした右折により右折自体に時間がかかり、多くの確認ポイントをカバーすることができる。

◆安全習慣教育のポイント

フィルター教育の安全運転のポイントと解説を準用する。ここでも、認知段階か判断段階の事故や危険かを場合分けする必要はあるが、対策としての安全運転方法は共通と考える。

＜ドラレコ活用のポイント＞

信号無交差点の場合は、信号有に比べ規模が小さくなるため、安全運転のポイントに掲げた右折方法は、小回りになりやすい。また、小回りでないと右折が難しい場面もある。したがって、まずは交差点規模によりどのような右折ができるかを確認する。次に、右折自体が速すぎないかをチェックする。規模が小さくても、必要以上に速い右折は控えるようにしなければならない。ドライバーに対しては、必要な８つのポイントをカバーできる速さかどうかを問いかけるとよいだろう。また、信号無の右折は、右折もさることながら、信号無交差点・直進の場合と同様に、交差点の進入状況を丁寧にチェックすることが重要である。

④　交差点・左折

　すでに示したリスクマップでは、左折は重度が高い事故パターンの１つであった。企業内で起きた左折事故を分析する場合、まずは信号の有無を分ける必要がある。また、交差点ではないが施設出入口付近でも事故や危険は起きやすい。これを含めて重要パターンとして左折をさらに詳細に分類をする。

　具体的には、信号有の場合は左折専用信号があるか、また、側道左折があるかを分ける。これらの分布は企業により傾向が異なるため、企業毎にまずは分類をする必要がある。

　まず、信号有交差点・左折に関する分類を以下のようにまとめておく。

信号有交差点・左折事故や危険

分類１　左折信号の種類
① 左折専用信号有
② 左折専用信号有、直進時右折可
③ 左折信号無
④ 側道左折有

分類２　事故や危険の相手
① 対向右折車
② 横断直進車
③ 左折中歩行者・自転車
④ 左折後歩行者・自転車

分類３　事故原因
① 自車の不停止
② 相手の不停止
③ 自車の安全不確認
④ 相手の安全不確認

　次に、交差点・左折の上記以外は信号無交差点・左折となるが、その分類は以下のようにする。

信号無交差点・左折事故や危険

分類１　左折信号の種類
① 信号無・自車優先
② 信号無・自車非優先

分類２　事故や危険の相手
① 対向右折車
② 横断直進車
③ 左折中歩行者・自転車
④ 左折後歩行者・自転車

分類３　事故原因
① 自車の不停止
② 相手の不停止
③ 自車の安全不確認
④ 相手の安全不確認

さらに、交差点・左折の他に施設出入口付近の左折も本項で取り扱う。その分類は以下のようになる。

施設出入口・右折事故や危険

分類1　場所の形態	分類3　事故原因
① 施設出入口	① 自車の不停止
分類2　事故や危険の相手	② 相手の不停止
① 左折中・出庫車両	③ 自車の安全不確認
② 左折中歩行者・自転車	④ 相手の安全不確認
③ 左折後・出庫車両	
④ 左折後・歩行者・自転車	

左折時の事故や危険の分類をする場合、基本的には右折時と同じような分類をする。しかし、分類2の相手に関する分け方を変えている。右折では、右折中、右折後のように右折の状態に合わせて相手を想定していない。右折の場合は、開始から終了までが加速状態で一連の行動であると考えられるからである。したがって、一連の右折のなかで相手を詳細に分けている。一方、左折の場合は、左折時に必ず減速を伴い、左折後から加速となるため、左折の状態により運転行動が変わるため、左折の状態に合わせて相手を想定している。

次頁からは、交差点・左折の具体的な教育内容を、信号有交差点と信号無交差点に分けて解説する。その後に交差点ではないが施設出入口の左折に関する内容を加えることとする。

A　信号有交差点・左折

教育の目安：フィルター教育

　信号の有無を問わず、左折時も右折時と同様に安全確認をしなければならない箇所が多数ある。具体的には左折前の後方への巻き込み確認と左折中から左折後にかけての前方及び周囲確認とあり、左折前と左折中と後では確認するポイントが変わることが特徴である。この点、右折は確認範囲が広いが、右折前後で確認ポイントはさほど変わらない。このような左折時の特徴を押さえ、必要な安全確認を安定的に実践できるようフィルター教育により強化する。

俯瞰図10　信号有交差点・左折

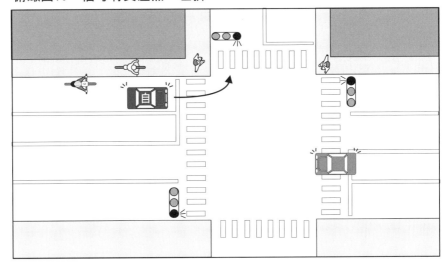

◆左折と右折のリスクの違い

　左折時の安全教育をする場合は、そのリスクをわかりやすく説明するために、先に述べた右折時との比較をするとよい。

　まず、図5-8のように右折時は開始の発進から右折完了までは加速を中心にした運転である。言い換えれば、ある程度の加速をしなければ右折をすることはできない。一方、左折は、左折前から左折中

図5-8　右折の運転行動

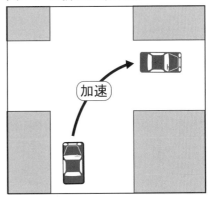

165

は減速を伴いやすい。これは右折が比較的スペースの広い環境下でハンドル操作を行い滑らかに曲がる場面が多いのに対して、左折は、右折に比べると、比較的スペースの狭い環境下でハンドル操作を行うため曲がりが急になりやすいためである。したがって、右折の場合は、滑らかな曲がりを意図的に小さくしてショートカットしないことと、右折中は大きな加速を伴わない行動が求められる。これに対して、左折は、急な曲がりに対して減速を十分に行い、なるべく滑らかにハンドル操作を行うことが求められる。

　また、前項の教育の目安でも述べたが、右折はその前後でほとんど確認環境が変わらないが、左折はその前後で確認環境が大きく変化する。右折は右折前の段階で、右折中と右折後の横断歩道までを前方視野で捉えることができる。一方、左折の場合は、左折前に後方の死角が重要であり、これと左折中及び左折後の確認環境は大きく異なる。この場合は前方視野だけで確認環境のすべてをカバーすることはできない。したがって、右折は加速を大きくせず、右折中に必要な確認環境のカバーが落ちないようにすることが重要になる。これに対して、左折は必要な確認環境が前後で異なるため、減速により確認のモードをチェンジすることが重要である。

　左折時の教育は、上記のような右左折時のリスクの違いを明確化し、求められる安全確認とそのための安全運転行動が異なる点を教育の前提として提示しておく必要があるだろう。

◆事故や危険のポイント（フィルター教育）

信号有交差点・左折事故や危険	
分類1　左折信号の種類	分類3　事故原因
① 左折専用信号有	① 自車の不停止
② 左折専用信号有、直進時右折可	② 相手の不停止
③ 左折信号無	③ 自車の安全不確認
④ 側道左折有	④ 相手の安全不確認
分類2　事故や危険の相手	
① 対向右折車	
② 横断直進車	
③ 左折中歩行者・自転車	
④ 左折後歩行者・自転車	

(解説)

　前頁のような分類に基づき、自社で発生している信号有交差点・左折事故の実態を把握することは重要である。とくに、分類2の事故や危険の相手に反映される、事故や危険時の左折の状態を把握することである。左折を前後半に分けるとすると、左折前と左折中・後の2つに分けることができる。それぞれに求められる安全確認は、左折前は後方の死角と自転車などの巻き込み確認が中心となり、左折後は横断歩道などの横断者への注意が中心となる。前方確認は双方に共通して重要である。自社の事故や危険が後方巻き込み確認によるものが多いか、あるいは横断者への注意のものが多いかを見極める必要がある。

　また、分類1では側道左折の有無を入れている。信号有交差点のなかでも大規模交差点に設置されていることが多い。側道左折有の交差点では側道左折時の事故が比較的多く、傾向を押さえておく必要がある。リスクを説明するために事例を示す。

　写真5-2は東京・豊島区の池袋六つ又交差点の側道左折の道路環境である。側道左折が設置されている交差点自体の多くは信号有だが、側道部は信号がない。池袋六つ又交差点のように、交差点内の直進や右折には信号が及ぶが、側道左折には信号が及ばないということである。このような環境では、左折車は直進の信号が青の時だと、側道も「青」の状態と勘違いしやすい。この思い込みは側道左折前の横断歩道上の歩行者にも同様にある。側道左折前の横断歩道はやはり信号が及ばないことが多い。したがって、歩行者は歩行者信号が青の時は側道部分の横断歩道も「青」状態だと思い込みやすい。このように側道左折場面は、車側と歩行者側（自転車を含む）の双方で思い込みによるヒューマンエラーが生じ事故が起きやすいというわけである。

写真5-2 六つ又交差点

図5-9 六つ又交差点の道路形状

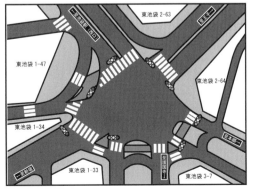

<ドラレコ活用のポイント>
　右折時と同様に、映像を前出の基準により分類することでリスクの特徴を明確化できる。これにより漠然と左折時に注意を促すだけではなく、さらに具体化して、信号有交差点、側道左折有、左折中歩行者、自車安全不確認などとリスクを特定し、パターンのうち多いものを材料として安全教育を始めることが望ましい。ただし、左折時の事故や危険は右折と同様に発生する頻度は必ずしも高くないため、自社内でも事故と危険を合わせて年間で数件という場合が少なくない。この場合は、多発パターンとして扱うのではなく、重要リスクの左折のうち、自社で実際に起きた発生パターンとして扱う。つまり、自社で重要パターンが起きていることを認識してもらうことと、それがどのような環境下で起きているかということや、左折時にはどのような環境下で起きる可能性があるかなどを考える機会を作るとよいだろう。さらに、発生毎にパターンを確認し、自社の左折時のリスクの蓄積をドライバーとともに確認するという方法もよい。これによりパターンを認識するたびにドライバーの左折時の注意を具体的に喚起しやすくなるからである。

◆安全運転のポイント（フィルター教育）
<安全確認が十分できない左折>
・左折が速い。
・左折が必要以上に大回りである（自車が大きく膨らむ）。
・発進後左折の場合、発進前確認のタイミングが短い。
・走行中左折の場合、左折前の減速が十分ではない。

解説
　左折も右折時と同様に確実な安全確認が重要である。ポイントは安全確認が十分ではない左折の状態を示して、安全確認ができる左折の状態を意識してもらうことをねらいとして示している。左折はすでに述べたように後方の死角と横断者への確認を連続して行う必要がある。したがって、左折前に十分な減速をして、後方確認とそれ以降の確認を分けるような運転が望まれる。減速が十分でなければ、後方確認をする前に左折が始まる状況を作ってしまう。これは右折の項でも説明した、確認よりも次の操作が先行してしまう「先行」であった。左折事故の多くは、この先行の状況下で後方の自転車や二輪車を巻き込み、

その結果として事故になる。また、左折前の減速が十分でないと、速度が残った状態で左へ大きくハンドルを切ることになり、図5-10のように、左折時の自車が交差点左方のコーナーに対して大きく膨らむ状況を作る。これは左折時の後方への死角をより大きくしてしまう結果となり安全確認が不十分になりやすい。

図5-10 交差点左方に膨らんだ左折

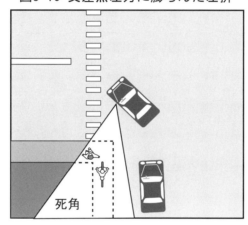

死角

　このように左折前の減速は左折全体の安全確認の精度を決めるうえで重要である。実際の教育では左折時の減速だけを徹底するだけではなく、左折時に減速がしやすくなる運転方法を示すことも有効である。それが交差点進入前の「寄せ」の意識を生む。もちろん左寄せのことである。交差点進入前30m程度を目安として、それまでに左後方をよく確認し、安全な範囲で左に減速しながら車を寄せる。これによりドライバーが交差点進入前に「寄せ」のための確認と減速を行うことになるので、左折前の減速を早めることにつながる。減速が十分ではない左折は、進入前でも速度を落とさず、左折直前の交差点左方コーナー付近でようやく速度を落とすことになる。これは「曲がれる」左折であって、安全確認ができる左折ではない。この場合は、自車の後方への巻き込みや、前方、左折後の横断者への確認を、減速を始めた交差点コーナー付近で、短時間にすべてを行わなければならなくなる。したがって、左折前に減速不十分の場合は、必要な安全確認を十分にできない可能性が高くなるわけである。また、左に「寄せ」を行うことは、自車の左折の軌道を小さくするので、後方の死角も小さくする

ことにつながる。ただし、左寄せ自体にもリスクはあり、必要以上に行うと、自転車や二輪車の進路を妨害することにもなるし、実際に左方車両との接触にもつながる。あくまで適切なタイミングでの左方への合図と、安全な範囲での「寄せ」を意識したい。大きく寄せるというのではなく左寄せを意識する程度でよいだろう。

　さらに、ハンドル操作の観点からも左折前の減速は重要である。左折前の減速が不十分であると左折時に一気に速く回してしまうことになる。ハンドルを一気に速く回している状態では、その間の周囲の安全確認はほとんどできていないし、車両のコントロールも不安定になりやすい。左折時のハンドルのイメージは、図5-11のように左折前の減速を十分にしたうえで、一気に回さず、ハンドルの半分程度を回したくらいのタイミングで、一瞬ハンドルを回すことを止めるイメージを持てるとよい。このタイミングで周囲確認のタイミングも作るイメージを持てるとよいだろう。ヒューマンエラーは連続的に複数のタスクをこなすなかで起きやすい。事故防止のための安全運転でも、事故の多い左折環境では、連続的に複数のタスクを自らに課さないことが事故防止に直結する。まずは進入前に左後方確認を終え、進入時に左右を確認し、左折時はハンドル半分で周囲を確認するというように、運転を分割するイメージを持てることが重要である。この分割が連続・複数のタスク処理のスピードを緩やかにしてくれるからである。

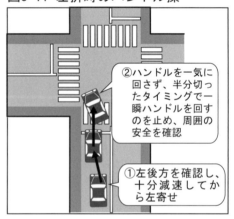

図5-11　左折時のハンドル操

②ハンドルを一気に
回さず、半分切っ
たタイミングで一
瞬ハンドルを回す
のを止め、周囲の
安全を確認

①左後方を確認し、
十分減速してか
ら左寄せ

◆安全習慣教育のポイント
　フィルター教育の安全運転のポイントと解説を準用する。認知段階のミスであれ、判断段階のものであれ、ベースには安全運転のポイントを踏まえた運転状況であったかが重要である。そのうえで、認知ミスか判断ミスかの区別をするのが望ましい。

＜ドラレコ活用のポイント＞

　左折時のポイントは左折前の減速を十分にしているかである。ドラレコ映像では減速レベルを数値で見ることはできないため、運転データから、交差点進入前の減速の推移をよく見ることが重要である。減速のタイプは次の４つがある。

①長く緩やかな減速
②長い減速（減速中の急減速をしている）
③短く緩やかな減速
④短く急な減速

　上記で言えば、①が理想であり、④が直ちに修正の必要があるものである。②は長くブレーキを使っているが、一部に急ブレーキが含まれている。この場合の急ブレーキはブレーキの踏み癖や脇見・漫然運転の場合もあるので注意をしてチェックしたい。③はもともとの必要な制動距離が短い場合に多くみられるもので問題はない。

　また、ドラレコ映像からは、左折前の自車の自転車や二輪車への追越し行為をチェックする必要がある。よくあることは、交差点進入前に自車が早く入ろうとして、左前方を走行する自転車・二輪車を追い越す行為である。とくに自転車への追い越しが目立つ。左折時そのものの事故ではないが、左折時に含め重要リスクとして捉えておく必要がある。運転方法としては、交差点進入前に左方の合図を出すタイミングくらい（交差点手前30m程度）から、左折を終えるまでは自転車や二輪車への追い越しは控えることとするべきである。交差点手前の追い越しは先急ぎの心理状況から行われる場合がある。これは先急ぎ時だけ行われるものである。しかし、実際には先急ぎなどの特定場面だけではなく、追い越しを基本運転としているドライバーが少なくない。このようなドライバーの根底にある共通の意識は「車優先」である。自車が二輪車や自転車より先に行くのが当然と考えてしまうことである。これは安全教育上でも個別教育を行う必要がある。また、このような優先意識を強く持ってしまうドライバーは、必要な安全確認を自ら勝手に免除してしまう傾向もあり事故を起こしやすい。ドラレコ安全教育では、必要な運転方法を示したうえで、それを実践しない「優先意識」を持つドライバーをデータチェックのなかで見つけることも重要である。こうしたことはドラレコが導入されていなければ見つけることができないリスクである。

追越しの教育

　追越しは加速して行うべきではないと述べた（144頁）。追越しは、自車と相手車に速度差がある場合に、制限速度内で速度差により行うべきということである。また、事故につながる追越しが発生しやすいのが前項の左折時である。すでに述べたように、先急ぎや優先意識による理由で追越しが出やすい。それ以外の理由でも追越しを基本とするドライバーがいる。追越しをした方が安全と考えるからである。追越しは危険回避の一つとして考えられることも多い。それは追い越すことにより、いち早く危険から離れるという意図がある。しかし、それは対象となる危険の動きの行動が明らかであることが前提である。このような前提に立てることは極めて稀である。とくに左折時では前方にいる二輪車や自転車の次の行動を決めつけてしまうこと自体が危険である。企業で行う追越しに関する教育では、前項のような左折前の自車の追越しを扱い、追越しに関する考え方を共有しておくことがよいだろう。教育すべきことは、追越しとは自車が追越しの対象である危険にもっとも近づくことであり、さらに加速をして接近することが多いものである。しかも、追い越される対象からは自車が後方にあるので気づきにくい。とくに、危険にもっとも近づく行為ということを再認識してもらうことが重要である。

B　信号無交差点・左折

教育の目安：フィルター教育

　信号有交差点と同様に、信号無交差点・左折時も安全確認をしなければならない箇所が多数ある。確認内容は左折前の後方への巻き込み確認と左折中から左折後にかけての前方及び周囲確認である。また、左折では左折前と左折中と後では確認するポイントが変わることも重要であった。このような左折時の特徴を押さえ、必要な安全確認を安定的に実践できるようフィルター教育により強化する。

俯瞰図11　信号無交差点・左折時

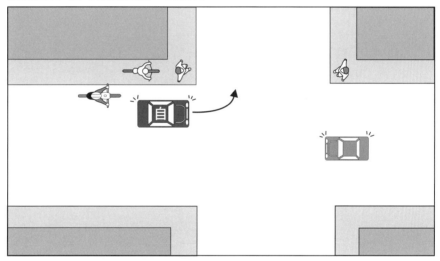

【事故や危険のポイント（フィルター教育）】

　信号無交差点・左折時の事故や危険は、すでに述べたように、以下の通りにパターン分けができる。

信号無交差点・左折事故や危険	
（分類1　交差点の形態）	（分類3　事故原因）
① 信号無・自車優先	① 自車の不停止
② 信号無・自車非優先	② 相手の不停止
（分類2　事故や危険の相手）	③ 自車の安全不確認
① 対向右折車	④ 相手の安全不確認
② 横断直進車	
③ 左折中歩行者・自転車	
④ 左折後歩行者・自転車	

(解説)

　まずは、分類1により自車優先か自車非優先か、どちらかに事故や
危険の偏りがないかを調べる必要がある。企業における交差点周辺の
事故は、前にも述べたように、必ずしも自車非優先時の事故や危険が
多いとは限らず、むしろ、自車優先時の場合が目立つことが少なくな
い。したがって、指導のポイントを停止線前の一時停止だけとしても、
事故や危険があまり減らないことがあるので注意をしたい。次に、信
号有と同様に、分類2により事故や危険の相手を特定したうえで、左
折のどの段階で起きているかを特定することが重要である。後方巻き
込み確認が中心の前半かそれ以降かをよくチェックする必要がある。
信号無交差点の場合は、交差点規模が小さいことが一般的なため、左
折前の減速タイミングが遅れやすく、とくに自車優先時では後方巻き
込み確認がおろそかになりやすい。一方で、信号無交差点のような小
規模交差点のほうが自転車の出現がしやすく危険である。

<ドラレコ活用のポイント>

　ドラレコ映像を確認するポイントは、交差点の見通しの評価である。
見通しが良い交差点と見通しが悪い交差点は、教育で活用する際には
分けておいた方がよいだろう。大事なことは、交差点の優先・非優先
だけで運転行動を決めてしまうのではなく、自車から見た見通しの良
し悪しも考慮した運転行動でなければならない。たとえば、見通しが
悪ければ自車優先であっても最徐行をしたうえでの左折が必要である。
このようなこともドラレコ導入によりわかることである。

◆安全運転のポイント（フィルター教育）
<安全確認が十分できない左折>
・左折が速い。
・左折が必要以上に大回りである（自車が大きく膨らむ）。
・発進後左折の場合、発進前確認のタイミングが短い。
・走行中左折の場合、左折前の減速が十分ではない。

(解説)

　左折の場合は、信号有・無ともに安全運転のポイントは共通と考え
てよい。したがって、内容は信号有交差点の項と同じものとなる。

◆安全習慣教育のポイント

フィルター教育の安全運転のポイントを準用する。

＜ドラレコ活用のポイント＞

安全運転のポイントに準拠したドラレコ活用も、信号有交差点と共通と考えてよい。したがって、内容は信号有交差点の項にあるものと同じになる。

C 施設出入口・左折

　企業の左折事故では比較的発生しやすいパターンである。企業における運転業務には必ず仕向け地（客先、配達先など）があり、通常はそれが一般ドライバーに比べて多い。その分、施設への入出場の回数が多くなる。このため、企業では、駐車場・構内のバック事故と左折事故は施設入口付近の事故が多くなりやすい。左折時の教育では、施設入口付近は別に扱い、必要な安全確認や運転方法をフィルター教育により行い、ドライバーへの強化を強化しておきたい場面である。

俯瞰図12　施設出入口・左折

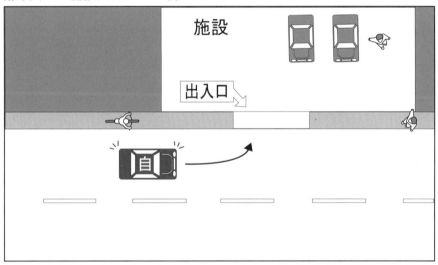

◆事故や危険のポイント（フィルター教育、安全習慣教育共通）

施設出入口・左折事故や危険	
分類1　場所の形態	分類3　事故原因
① 施設出入口	① 自車の不停止
分類2　事故や危険の相手	② 相手の不停止
① 左折中・出庫車両	③ 自車の安全不確認
② 左折中歩行者・自転車	④ 相手の安全不確認
③ 左折後・出庫車両	
④ 左折後・歩行者・自転	

(解説)
　まず、分類１では施設出入口の１つとなる。本来は入口前と左折中と左折後の３場面に分かれるが、分類１の場所は施設出入口で１つにまとめ、それぞれの場面は分類２で特定することとする。この分類の考え方は前項までの左折にも適用している。
分類２が重要で、主に左折前の確認が重要な①、②と左折以降の確認の③、④に分けて考える。①、②を前半として、③、④を後半とすると、これまで述べた左折の類型と変わらないので教育内容も共通となる。しかし、施設出入口で大事なことはもう１つあり、それは施設出入口の手前は歩道をまたぐことが多いことである。この歩道に対して、自車がどのような対応をしたかが重要となる。歩道をまたぐ直前は一時停止が原則であることを教育しチェックしなければならない。分類３では事故原因をチェックしているが、その際にも、歩道またぎへの対応がポイントになりやすい。

＜ドラレコ活用のポイント＞
　前項の解説でもあるように、施設出入口の安全運転では直前に歩道がある場合の対応が重要なため、ドラレコ映像上でも歩道の有無を整理しておく必要がある。また、施設の特性も見ておくとよいだろう。企業では仕向け地（客先や配達先）、自社構内、その他と分けておくとよい。その他のなかにはコンビニやいわゆるコインパーキングが多いのが特徴である。これらを分類し自車が事故や危険を起こしやすい箇所の傾向を把握しておきたい。これらにより、ドラレコ映像を活用して教育する際に、ドライバーへの映像の意味づけがしやすくなる。映像の分類により、その映像が持つ印象による教育効果だけではなく、カテゴリー化されたデータとして頭のなかに入力されるようになり、以降で注意をしなければならないポイントが企業内で標準化されるようになるからである。

映像の印象と意味づけ

　ドラレコ映像を活用した安全教育では、映像の分類が重要であることを述べてきた。ここでは、映像の印象と意味づけという観点から解説し、改めて映像分類の重要性を述べておきたい。

　筆者が感じていることは、一般的によく行われている企業のドラレコ安全教育は「印象教育」であるということである。これは企業側が自社で発生した事故や危険を、直後にドライバーへ実際の映像を提示することが主というものである。これだと、ドライバーが感じた映像への印象により教育後の行動が変わる。このことには課題があり映像のインパクトがドライバーの印象に影響しやすくなるる。たとえば、施設出入口の事故映像を扱う場合でも事故の程度が軽微なものであれば、ドライバーの印象にはあまり残らず、それ以後もさほど意識されない可能性がある。しかし、施設出入口の事故は重要パターンとして認識されなければならない。

　このような課題から、企業では映像の「意味づけ」教育を行わなければならない。映像を提示する前に、事故や危険の分類を示し、次にその分類の企業内の頻度と重度を示し、さらに、同種の場面ではどのような運転を心がけ実践しなければならないかを明確にすることである。このように分類、優先付け、運転方法の3つをドライバーへ伝えることにより、その際に活用された映像は意味づけされて、ドライバーの頭のなかにデータ化されるのである。もちろん、頭のなかにデータ化されるまでは、ドライバーの学習能力により個人差はあるだろう。しかし、企業ではこの姿勢を繰り返すことにより「意味づけ」教育の効果を期待することができる。本章の各パターンの内容は「意味づけ」を目的としていることを改めて述べておく。

◆**安全運転のポイント（フィルター教育）**
＜安全確認が十分できない左折＞
・左折が速い。
・左折が必要以上に大回りである（自車が大きく膨らむ）。
・発進後左折の場合、発進前確認のタイミングが短い。
・走行中左折の場合、左折前の減速が十分ではない。
・施設出入口の「歩道またぎ時」の直前での一時停止を行わない。

（解説）
　施設出入口であっても、これまでに扱った左折時の安全運転のポイントとは基本的には変わらない。安全確認が十分にできない左折をイメージさせながら運転の修正を教育する。ただし、施設前に歩道またぎがある場合は歩道前の一時停止をしなければならない。これを企業内でも徹底する必要がある。ドラレコの映像データを確認すると、左折前の減速が十分ではなく、そのまま左折に入り、歩道があっても一時停止をしていないことが多い。これは後続車が迫っていたりすると、自車をその直前で停止させにくいと思うからである。しかし、このようなドライバーの考えには十分な教育をしなければならない。

　被追突事故は避けられないとよく言われる。確かに、後続車が脇見や居眠り運転をしていたらその直前にいる車両にはなす術がない。しかし、直前車が被追突事故の防止のためにやらなければならないこともある。それは速度差を小さくすることと早めの合図である。追突事故は前後車両の速度差により発生するので、前後の速度が大きければ大きいほど事故のリスクは上がる。前方を走行する車両は、後続車に対して自車の動向を知らせておかなければならない。具体的には、減速する場合は、早めに緩やかに減速をして減速することを知らせることである。施設出入口でも、早めの合図と早めの減速をセットにして行うことが望ましいが、この両立ができていないドライバーが非常に多い。つまり、比較的早めの合図を出すものの減速は直前でしか行わないということである。この状態は、早めの減速をしないドライバーが自らリスクの多くを被ることと同じである。リスクは後続車からの被追突、左折時の接触事故である。ドライバーには自らリスクを被らない意識づけをしてもらう必要がある。

　安全運転のポイントをまとめると、まず左折前の減速を十分に行うこと。次に歩道またぎ時の直前の一時停止を行うこと、さらに、速い

右左折をせず、軌道も大きくしないことである。施設出入口の左折では、とくに歩道またぎ時の直前停止を軸として教育をするとよいだろう。左折は前後半の２つに分かれることが特徴だが、前半、後半それぞれの安全確認を行うためには、前後半の切れ目を作ることが効果的だからである。一時停止をすれば、前半、後半で切れ目が確実にできるため、確認の精度は自然と引きあがることを教育のなかで徹底をしたい。

　また、施設出入口では、左折とは関係ないが、右折による入出場時の事故や危険が比較的多くみられる。右折入場、出場は控えるべきである。施設の立地は、信号がなく、交通量の多いところが多く、右折タイミングを見つけることが難しい。しかも、前述のように安全確認箇所が非常に多い場面である。したがって、施設側でも右折による入出場を禁止していることがある。事故や危険は、こうした警告を無視して起こることが少なくないので、企業側でも注意を強化する必要がある。

◆安全習慣教育のポイント
　フィルター教育の安全運転のポイントと解説を準用する。

＜ドラレコ活用のポイント＞
　安全運転のポイントで示した内容を指導した後、その実践状況をチェックする必要がある。もっとも簡単なチェックは自社施設への左折時である。帰庫時間などを目途にしてドラレコデータを検索し、管理者が左折前の安全運転のポイントを確認しドライバーへフィードバックをすることは有効である。もちろん、実際に管理者が営業所の出入口付近でドライバーの運転を観察することでもよい。まずは、企業側がドライバーに対して、施設出入口の左折の状況に課題を持っているという企業の認識を伝えることが重要である。そもそも自社以外の施設は第三者のものとなり、施設進入時はもともと運転マナーに気をつけなければならないところである。ビジネスマナーなどで企業訪問時のマナーが教育されることは多いが、それは専ら企業の受付を過ぎた後のことである。ドラレコ導入時を契機として、客先に限らず運転時における施設の入出場のマナーも教育に加えることが望ましい。

コンサルティングの現場から　安全教育の論点 12

安全不確認の３つの要因

　右左折時は安全確認を必要とする箇所が多い。これが不十分だと事故や危険に直結する。すでに安全確認が不十分になる現象として、「先行」と「省略」の考え方を述べた。ドライバーは常にこれらを防止する意識が求められるが、一方で、実際に安定して実践することは難しい。このように安全確認が安定的に実践できない要因は３つあると考えられ、内容を図5-12に示した。

図5-12 安全確認が安定的に実践できない要因

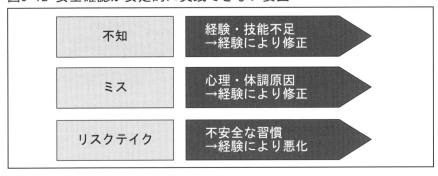

不知	経験・技能不足 →経験により修正
ミス	心理・体調原因 →経験により修正
リスクテイク	不安全な習慣 →経験により悪化

　まずは「不知」である。文字通り、ルールやリスクを知らずに安全不確認の状態を作ることであり、主に新入社員、若年層に多い要因である。これに対してはルールやリスクを教えればよい。知ることで行動を修正できるからである。次に「ミス」である。これはここでは、心理的あるいは体調などのドライバーが自覚しやすい要因で一時的に安全確認ができなかったことをいう。これは多くのドライバーが持つ要因である。しかし、ドライバー側が要因を自覚していることから、心理面や体調面が改善されると安全確認ができるようになることが多い。これは教育というよりは、自身の自覚と回復により行動が修正されやすいものである。最後がリスクテイクである。これは安全確認をしなくても事故や危険に遭わなかったという「不安全経験」が積み重ねられ、ドライバー自らが安全確認を不要と考えてしまうことである。それは安全確認をせず、事故や危険へのリスクを取ることでありリスクテイクと呼ぶ。これは多くのドライバーが持つ要因であるが、不知

やミスのように、知らせることだけでは修正ができず、ましてや自覚を促すことも難しいということである。

　企業の安全対策では、不知への対応は、新人教育、全社共通マニュアル、規定の改定の周知などによりよく行われている。しかし、ミスとリスクテイクへの対応は必ずしも十分とは言えない。ミスは主にドライバーが自覚しやすいものではあるが、それを企業側がわかっていても主体的に改善することはあまり見られない。たとえば、業務のなかに客先への訪問時間が限られていたり、集中していたりするなど、急ぎ・焦りの要因が顕在的であったとしても、それを抜本的に改善することは難しいことが多く、ドライバー側の注意強化を促すことに留まりやすい。リスクテイクについては、ドライバーが安全不確認の状態を分かっていて実践していないことから、それらの場面を洗い出し、リスクを示し、安全確認をするようにリードし繰り返し強化をしなければならない。

　このように考えると、不知は現状でも企業内教育で対応されていて、ミスは業務改善を中心に対応すべきものだが、リスクテイクについては日常の安全教育により対応しなければならない。言い換えれば、企業の安全教育はドライバーのリスクテイクを抑制するためのものと位置付けてもよいだろう。少なくとも、不知やミスに比べれば、教育で扱う内容が格段に多いはずである。不知やミスを意識した教育は年に1回などの周知でよいかもしれないが、リスクテイクについては毎月のように同じ内容を具体的に繰り返す必要がある。企業のなかで、安全教育は年に1回程度でよいのではと考えているとすれば、それは不知やミスへの対応でありリスクテイクへの対応を想定していない可能性がある。

⑤ 駐車場、構内・バック時

教育の目安：フィルター教育

　企業の交通事故でもっとも頻度が高いのが駐車場・構内のバック事故である。その割合は企業により異なるが事故全体の30%以上を占めることが多い。バック事故は、前方カメラだけでは接触や衝突箇所で多い後方が確認しにくいという点から、ドラレコ活用の対象外となることが多い。本書では前方カメラのみの装着を前提として、ドラレコを活用した教育内容を扱う。内容はバック事故のパターン化をしたうえでのフィルター教育を中心とする。

俯瞰図13　駐車場、構内・バック時

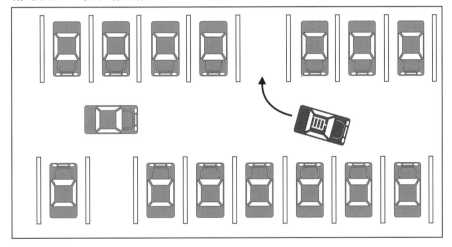

◆事故や危険のポイント（パターンの細分化）

　パターンの細分化は他のパターンでも行い、これまでは細分化したパターン毎に事故や危険のポイントを示してきた。駐車場、構内・バック時についても頻度が高いので細分化は行うが、1つ1つに細分化したパターンまでの解説はしない。細分化のパターン数が多く各ポイントにも共通点があるからである。ここでは細分化の考え方と方法を示し、事故や危険のポイントを明らかにする。また、駐車場、構内・バック時に関しては原則として企業内のバック事故を扱う。ドラレコのバック時の急操作を対象に含めてもよいが、実際には前方カメラだけでは危険の判定が難しい。また、急操作を伴わない場合でも危険場面は多くあることも想定されるため、データ収集で混乱をきたす可能

性もありドラレコの急操作データは前提としない。ただし、事故により細分化をしたうえで、ドライバーにより申告されたバック時の危険体験を含めるのはよいだろう。

　バック事故に限らないが、企業の事故分析は事故を起こしたドライバー、所属、属性を明らかにするものが中心になりやすい。具体的には複数回事故惹起者の有無、事故多発営業所、入社年次、年齢などを明確化し、対策ではこれらの属性を対象として教育をすることが中心になりやすい。つまり、事故を起こしやすい属性を探すための分析である。実際にバック事故でも、複数回事故惹起者や入社年次の浅いドライバーが対策の中心になりやすく、対策では自動車教習所での技能教習の受講など、運転技能の補完をすることで事故防止を図ろうとすることが多い。一方で、バック事故は企業のほぼ全体で発生しているものでもあり、その事故原因も必ずしも一様に運転技能未熟だけとは限らない。

　ここで扱う細分化では、バック事故の直接的原因となったヒューマンエラーを検索することを目的とする。このために、バック事故では事故時の自車損傷箇所の傾向を調べる必要がある。図5-13はバック事故の自車損傷箇所を図示したものである。図5-13を解説すると、自車両を俯瞰し９等分する。前方を除き、左方をA、後方をB、右方をCとする。左右ＡＣは、さらに３つにわけ、前方をＡ１、Ｃ９、中ほどをＡ２、Ｃ８、後方をＡ３、Ｃ７とする。後方Ｂもさらに３つにわけ、左方をＢ４、中ほどをＢ５、右方をＢ６とする。ここまでが図の内容の説明となる。

図5-13 バック事故の自車損傷箇所

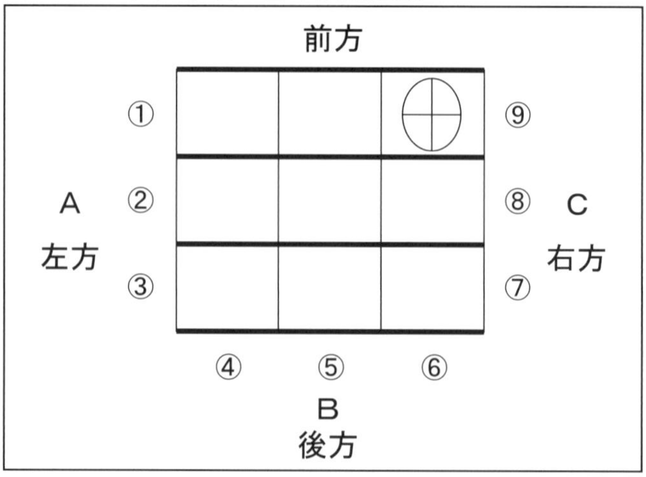

　次に事故の直接的原因の検索である。バック行動は前半と後半に分けることができる。前半は車両が曲がった状態である。具体的にはバックギアに入れ、ハンドルを回しながらバックしている間である。後半は車両がまっすぐになった状態である。具体的にはハンドルをまっすぐに戻し車両を停止させるまでの間である。事故の直接的原因でも、前半に事故を起こしているのか、または後半に事故を起こしているのかにより内容が異なる。前半は車両の大きさや操舵する感覚が適切ではなく接触してしまうもので、後半は車がまっすぐになってからなので、車両の奥行感覚もあるが、それ以上に停止前の確認状況が事故原因としてより大きい可能性がある。図5-14では上記を踏まえ、自車損傷箇所別の事故の直接的原因候補を示したものである。左右に損傷が多い場合の直接的原因は左右確認、車両感覚によるものが想定され、とくに前方が接触している場合は車両の外輪差の理解不足、中ほどから後方にかけての接触は操舵性、大きさ感覚とした。外輪差に関する理解については注釈に内容を補足した。また後方に損傷が多い場合は車両の奥行感覚と後方確認不適によるものとした。ポイントは左右の場合、左右確認をしていても車両間隔不足により接触をすることがあるが、後方の場合、後方確認を十分にしていれば奥行感覚が十分ではなくても接触をすることは少ない。奥行きは車両がまっすぐな状態での直線上の感覚であり比較的掴みやすいのに対して、車両間隔は車両が曲がった状態での左右の感覚となり掴みにくいからである。

図5-14　自車損傷箇所別の事故の直接的原因候補

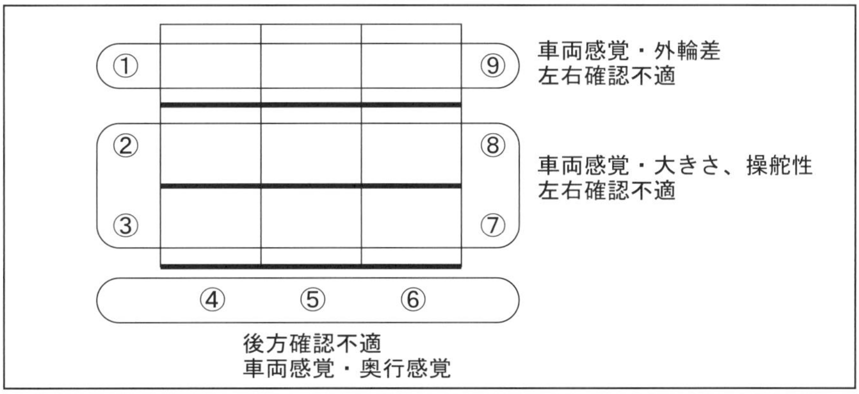

＊バック時の外輪差
　バック時の外輪差は、ハンドルを切ってバックする際、切ったハンドルの向きと逆方向に車体の前方が膨らむ現象を指す。ハンドルを切るほど外輪差は大きくなり、ハンドルを切る量と車体の膨らみの感覚を理解している必要がある。

前記のように、バック事故の分析を自車の損傷箇所と事故の直接的原因により検索し細分化を進める。まずは全社のバック事故の傾向を掴む。そのうえで、特定の属性との組合せも把握する。具体的には複数回事故惹起者、新入社員を含む若年層、特定営業所などの層である。これらはいずれも企業において、まず対策の対象として見込む層と考えられる。大事なことは、それらの層がどのようなリスクと原因を抱えているかをつかむことである。企業対策で多いのは対象を見込み、教育内容を統一にすることである。よくあるのは、前にも述べたように若年層と教習所による実車教習による教育の組合せである。表5-2では筆者がある企業のバック事故の分析をした結果の事例を簡単にまとめたものを示している。事例となる企業は製薬会社、1000台以上の保有台数、事故発生率は25%超（対人、対物、車両単独を含む）、バック事故の全体事故に占める割合は35%を占める。また、入社1～3年目の社員の構成率が高く、全体の約30%程度であった。

表5-2 バック事故の分析結果の事例

属性	損傷個所	事故の直接的原因
複数回事故惹起者	左右	車両感覚
若年層	後方	後方確認不適
特定営業所	左右/後方	左右/後方確認不適

　まず、複数回事故惹起者のバック事故を対象にすると、自車の損傷箇所は左右の側部に多く、車両感覚が未熟であることが直接的な原因と考えられる。また、同様の事故を1年未満の短期間のなかで繰り返している例が多く、運転技能教育を行うにしても、教育期間をある程度長くとる必要があるだろう。次に、若年層では、自車の損傷箇所は後方に多く、後方確認の精度に課題があると考えられる。また、とくに新入社員では、必ずしも配属直後1～3か月間の事故が多いわけではなく、配属6か月以上の事故の割合が高いため、単なる運転技能未熟ではなく、技能未熟の状態で確認も不足しているのではないかと考えられる。さらに、特定営業所では、自車の損傷箇所は左右、後方にばらつきが大きく、原因も左右から後方確認まで幅広いが、確認不足が多くみられた。この場合は、営業所内の駐車場環境（たとえば、「狭い」、「暗い」、「障害物が多い」など）や事故惹起者の特徴などをさらに掘り下げる必要がある。

　ここまでの内容を参考にして、自社のバック事故の特徴と傾向、事故惹起者層と直接的原因を検索し、必要な対策の検討を行う必要がある。少なくとも全社で行う内容を「バック事故対策＝運転技能未熟」と決めつけるのは早計であることを述べておきたい。

＜ドラレコ活用のポイント＞

　前方カメラだけでは後方が確認できず、ドラレコ映像はバック事故対策には活用が難しいと言われることが多い。確かに、接触した対象や接触レベルなどファクトチェックをするには十分ではない。一方で、ドライバーのバック時の環境、バックの方法、大まかな軌道を把握することは可能である。安全教育ではファクトチェックではなく、パフォーマンスチェックの内容を活用すればよいので、積極的に活用をしたい。映像分類により活用するポイントは以下のとおりである。

1．駐車場・構内の特定（自社、仕向け先（顧客、配送先など）、その他）
2．バック方法の特定（右から、左から、バック発進）
3．対象物の特定（車両、障害物、その他）
4．駐車方法（車庫入れ駐車、前向き駐車）
5．バック時のアクセル使用レベル

　上記のように、ドラレコ映像から確認できる交通環境とバック方法を主に示している。これらがあることで、バック事故時の映像を共有する際に映像の意味づけがしやすくなる。ドラレコ映像の活用は、接触や衝突の瞬間を見せることが目的ではなく、どのような場面で事故になったかをなるべくわかりやすく見せることを考える必要がある。バック事故の場合では、たとえば、仕向け地（コンビニ）、バック発進、その他（自転車）、前向き駐車など、1件のバック事故を記号化することにより、教育時の注意喚起にも統一感が出てわかりやすくなる。このような工夫は映像教育では非常に重要である。

◆安全運転のポイント（フィルター教育）

1．バックギアを入れる直前の安全確認を十分に行う。
2．車両がまっすぐになったら一時停止を行う。

（解説）
　駐車場・構内のバックは前後半の2つに分けて考える。車庫入れを

想定すると、前半はバック開始から自車がまっすぐになるまで、後半は自車がまっすぐになってから停止までとなる。左折時も前後半に分けたが、これは前半・後半で確認箇所が異なるからである。この点、バック時の前後半も同様である。ただし、双方ともに駐車スペース全体の確認である。そのうえで、前半は自車を駐車スペースに入れるまでの確認であり、側部、周辺への確認を多くする必要がある。後半は自車がまっすぐになっているので、両サイドの確認をしたうえで、後方の停止位置に関する確認を多くする必要がある。

　上記のように、バックを前後半に分ける考え方はバック方法の前提がある。それは、自車を駐車スペースの先端部分（図5-15）のところで、まっすぐの状態にして車庫入れをすることである。つまり、駐車スペースの中ではなるべく自車を曲がった状態にしないように駐車をすることである。このことにより、自車が左右車両及び障害物に接触する可能性はかなり低くなる。しかし、駐車スペースによっては、駐車時の前方スペースが狭く、このバック方法ができない場合があり、その際の対応も決めておく必要がある。たとえば、指定バック方法を先に示した方法とした場合、予め指定方法がとれないバック環境をドライバーから申請をしてもらうなどの工夫もある。申請された駐車場では指定外のバック方法を認めることにするが、ドライバーには指定外の駐車方法でのバック時の注意を強化するように促す。

図5-15 バック方法の前提

駐車スペースの先端部分のところでまっすぐの状態にしておく。

　次に、実際の確認方法をもう少し詳しく述べる。まず、バックギア
を入れる直前の安全確認は駐車スペースと周囲が対象になることは当
然だが確認方法の注意が必要である。駐車スペースや周囲のように複
数の確認を求めると、ドライバーのなかには、それぞれの確認を四隅
の点の確認になることがある。スペースを点で確認するのは見落とし
にもつながるため、なるべく面で確認することが望ましい。そのため
に、ドライバーが駐車スペースと左右の確認をする際には、自車のバ
ック軌道を想定してスペースの確認をすることを促すとよい。これを
徹底できる確認方法はバック直前の降車確認である。ただ、企業のド
ライバーは訪問する軒先数も多いため、すべてに降車確認を義務づけ
るのは難しいだろう。降車確認そのものを求めるのではなく、バック
直前に自車の軌道をイメージさせて、必要な確認を行う習慣作りを求
める必要がある。

　最後に、自車がまっすぐになってからの一時停止は後方の接触を防
止するためであるが、確認タイミングは車がまっすぐになった段階で
行うことが望ましい。つまり、実際に停止位置よりもかなり余裕のあ
る段階ということである。この段階で、ミラーはもちろん、ドアを開
けてスペースを確認するのが確実である。一方で、まっすぐになって
から自車が半分程度スペースに入った段階で行う考え方もあるが、半
分程度の感覚がドライバーにより差が出やすく、その間に障害物があ
る可能性もあるため、確認は早い段階で行うことで一貫したほうがよ
い。

◆安全習慣教育のポイント
　フィルター教育の安全運転のポイントと解説を準用する。

＜ドラレコ活用のポイント＞
　安全運転のポイントで掲げた2つのポイントは、バック時のものではあるが前方カメラだけでもチェックは可能である。バック直前の安全確認については、バック開始ポジションについてから、実際のバック開始までの時間をチェックすることはできる。この間にどのような安全確認をしたかはわからないが、確認時間のデータがあれば、管理者とドライバーの間で具体的な内容の確認をすればよいだろう。また、自車がまっすぐになってからの一時停止も、バック中の停止は把握することができるのでチェックは可能である。また、企業のなかにはドラレコとは別にバックカメラを装着していることもあるだろう。この場合は、予めバックカメラによる確認タイミングを設定することが重要である。設定をせずドライバーの裁量により使用を進めると、バック時にバックカメラしか見ないドライバーが出たり、ほとんど活用しないドライバーが出たりまちまちになりやすい。バックカメラは機種により画角や画質に差があり、また死角もある。したがって、導入後は死角等の確認を行い、バック時の後半で停止位置の調整に使うのがよいだろう。そのように考えると、バックカメラを導入しても、バック時の安全確認そのものが省略できるわけではないことを認識しておく必要があるだろう。

第6章

【実践】
ドラレコ安全教育の
進め方と事例

　第4章から実務編に入り、データ収集からパターン分類の方法、重要パターンの選定、それぞれに対する具体的な教育内容までを述べた。企業では、自社のドラレコ映像を収集し、それらをパターン分類し、教育用のデータベースを作る。次に、自社の運転業務のなかで重要リスクとなるパターンを選定し、パターン毎に何を教育しなければならないかを明確にした。いわば、安全教育のためのデータベースとテキストが出来上がった状態である。

　さらに、本章で扱う仕上げの段階は教育の進め方である。具体的には以下の内容を決めて教育を行う必要がある。

1．体制
2．対象
3．頻度
4．時間
5．報告
6．フォロー
7．改善

　上記のそれぞれについて次項以降で解説する。これらは教育実践のためのデータベースとテキストができた後の7つの準備として位置づけ、企業内でも教育を進めるうえで抜け漏れがないかをチェックするとよいだろう。また、内容にはドラレコ安全教育を実践している企業の事例も加える。事例については、本書に先行してドラレコ安全教育をテーマとして2017年4月から「月刊自動車管理（企業開発センター発行）」に連載中の「企業のドラレコ活用最前線」のなかでも紹介している。ここでは、それらの事例と、今回新たに加える事例も入れて、テーマ別に整理する。次頁に、連載のこれまでのインデックスを示しておく。

「企業のドラレコ活用最前線」の連載内容のインデックス

【理論編】
2017. 4　ひと手間の価値
2018. 4　ドラレコ活用のためのチェックリスト
2018. 10　ドラレコ一部導入についての整理（1）
2018. 11　ドラレコ一部導入についての整理（2）
2019. 2　企業間共有のすすめ（1）
2019. 3　企業間共有のすすめ（2）
2019. 4　イベントチェックとサンプルチェック
2019. 5　ドラレコ安全教育　右折編
2019. 6　危険予測から安全習慣へ
2019. 7　ドラレコ安全教育　左折編
2019. 8　ドラレコ安全教育　直進時編
2019. 9　ドラレコ安全教育　信号なし交差点・直進時編
2019. 10　ドラレコ安全教育　駐車場・構内のバック時（1）
2019. 11　ドラレコ安全教育　駐車場・構内のバック時（2）
2019. 12　ドラレコ安全教育　歩行者保護運転（1）
2020. 1　ドラレコ安全教育　歩行者保護運転（2）
2020. 2　割込まれへの対応

【事例編】
2017. 5　Ａ社1　頭ごなしは逆効果
2017. 6　Ａ社2　事故の真因究明法
2017. 7　Ａ社3　ドライバー全体教育
2017. 8　Ａ社4　Ａ社から学ぶこと(まとめ)
2017. 9　Ｂ社1　教育体制の基礎
2017. 10　Ｂ社2　教育の課題
2017. 11　Ｂ社3　教育の本質
2017. 12　Ｃ社1　活用の考え方
2018. 1　Ｃ社2　データチェックの方法
2018. 2　Ｄ社1　輸送品質チェックへの活用
2018. 3　Ｄ社2　日常安全教育へのドラレコ活用
2018. 5　Ｅ社1　経営者自らが実践する安全教育（1）
2018. 6　Ｅ社2　経営者自らが実践する安全教育（2）
2018. 7　Ｆ社　　社員自らが率先して実践する手作りの安全教育
2018. 8　Ｇ社1　安全最優先を活動で実践すること
2018. 9　Ｇ社2　チェックで重視することは何か
2018. 12　Ｈ社1　データ解析サポートの活用（1）
2019. 1　Ｈ社2　データ解析サポートの活用（2）

※上記は連載内容をドラレコ安全教育の理論編と事例編に分けて整理をした
　ものである。本章では事例編を再整理する。また、理論、事例の双方を本
　書の読者にはダウンロードできるようにする（巻末参照）。

■ 体制

（1） 5つの機能

　ドラレコ安全教育に限らず、企業の安全対策を実践するためには必要な機能が5つある。

　ここでは、5つの機能と概要を以下のように示す。概要はドラレコ安全教育を実践する前提で示す。また、各機能にはとくに企業内の部署を当てはめることなく、あくまで必要な機能としてまとめている。

（1）コミットメント

　自社の交通安全課題を正確に認識し、対策を実践するために必要な社内のリソースを整備し、実践でも全社の指揮を執り、効果の検証にも立ち会うこと。

（2）デザイン

　自社の交通安全課題を把握し、課題に対応したドラレコ安全教育の内容を企画し、実践する安全活動や教育の内容を具体化すること。

（3）コントロール

　ドラレコ安全教育と教育の内容に基づき、全社及び営業所毎の実践計画を作成し、実践の指示と管理を行うこと。

（4）リーディング

　安全活動と教育を実践する段階で、全社のなかでもそれぞれで好取組を残し、全社のけん引役となること。また、指示された内容だけではなく、主体的に新たな取組みをして成果を残すことも含む。

（5）サポート

　安全活動や教育の企画から実践まで、上記4つの機能をサポートすること。具体的には社外機関が多く、警察関係、損保、リース会社などが挙げられる。

　上記の5つの機能を組み込んだ企業体制を構築し、ドラレコ安全教育を実践することが望ましい。本書の役割は上記5つのなかではサポート機能となる。とくにデザイン機能に求められる課題に合わせた教育内容の作りこみからコントロール、リーディングの準備に向けたサポートまでを行うことになる。

（2）よくある体制と課題

実際によくある企業の体制を社内の部門と合わせて示すと、図6-1のようになる。

図6-1 企業の体制

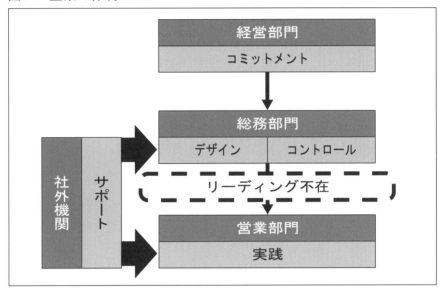

図6-1を説明すると、経営者がコミットメント、総務部門がデザイン・コントロールを担い、リーディングは欠如している状態で、サポートはデザイン機能と安全教育の実践が多く、社外機関との連携によるものである。このような体制の課題は次の5つである。

① デザイン機能に複数の部門の関与がない。
② 1つの部門がデザイン・コントロールの双方を担うことで負担が大きい。
③ ②の状況から、デザイン・コントロール内容を他の部門がチェックできない。
④ サポートに社内部門を登用していない。
⑤ リーディングを作ることを前提としていない。

上記の①～③の課題は、デザイン・コントロール機能を1つの部門で担うことにより起こるものである。このことはさらなる様々な課題を生み出す結果になる。具体的には、まず実践する現場部門の関与がないため、内容上で現場部門の共感が得られにくいこと、また、1つの部門で作成を担うことにより、それに伴う準備や管理も当該部門で

請け負うことになりやすく結果として負担が重くなる。また、デザイン・コントロールの双方を担うことで、それぞれのクオリティが不十分になりやすいが、それらをチェックする機能が社内にないことである。

上記④では、安全対策の企画や教育の実践のサポートを専ら社外に委ねる傾向がある。社内でも、無事故ドライバーや安全活動で成果を上げている管理者がいる場合には、まずは社内にあるノウハウの活用を検討すべきである。このことで企画や教育内容で社内の共感を作りやすい効果が見込まれるからである。上記⑤については次項で解説する。

（3）リーディング機能の必要性

ドラレコ安全教育に限らず企業が施策を全社に徹底させようとする際は、内容の周知、実施の要領や規定の作成、実践に必要なツールの配備、実施後の報告の要請などを行うことが一般的である。しかし、実践を義務づけられた営業などの現場部門では、自身の営業所で実践するイメージが分かりにくく手探りの状況になりやすい。したがって、取組みの初動や実践そのものが進まないことが少なくない。その際に有効なのがリーディング機能である。これはリーディンググループと置き換えてもよい。企業内で施策の取組みが進んでいる先頭集団のことである。現場部門では、一連のタスクに加えて取り組み事例があることにより、進め方のイメージと先頭集団を認識することができて、各現場でも自ら実践しなければならないというインセンティブにつながりやすい。

一方でリーディンググループは自然に出来上がるものではない。企業自らがリードして作ることが必要である。この際には、まずコミットメント、デザイン、コントロールの３つの部門が連携をして、予め施策の取組みを強化できるリーディンググループを選定する必要がある。次に、経営層を中心として選定したグループに動機づけをして、彼らがデザイン、コントロールの機能のなかに主体的に関与することができるようにリードすることが有効である。

（4）成果の出る体制のモデル

よくある企業の課題を踏まえて、成果が出やすい体制のモデルを、

図6-2のように示す。概要は、経営者がコミットメント、デザインを総務部門及び社内横断チーム、コントロールを総務部門と現場部門、リーディング、サポートを社内選抜者として、さらに社外機関との連携も行う。さらに、それぞれの解説をする。

図6-2　成果の出る体制モデル

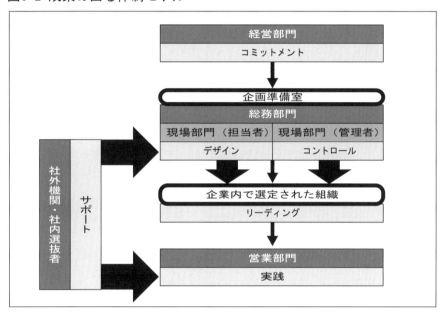

　経営者がコミットメントを担うことはモデルでも同様である。デザインは企画準備室を特定期間に限定して設置する。デザインは事故とドラレコデータの分析、それらに基づく課題の抽出（データや現場の声から）、ドラレコ安全教育の内容の企画、外部機関のサポート内容の確認などを行う。この役割を総務部門がリーダーとなり、現場部門で無事故を継続するドライバーや施策に主体的に取り組むことができる担当者クラスにより構成するとよい。つまり、目的と期間を明確にした社内の横断チームを作ることである。次にコントロールも企画準備室のなかに特定期間で設置し、安全活動や教育内容に基づき計画と管理スキームの作成を担う。これも総務部門をリーダーとするが、現場部門では安全活動の成果を上げている管理者クラスにより構成するとよい。さらに、リーディングでは、デザインとコントロールで参画した現場部門の組織単位で選定し、実践の強化を経営者やコントロール部門が中心となり働きかける。最後にサポートでは、社外だけでなく、社内の選抜者を積極的に活用することを重視する。

２ 対象

　ドラレコ安全教育の対象は全ドライバーである。教育はこれまで述べたように、自社で発生した事故や危険のそれぞれの共有、一定期間の事故や危険の分析を踏まえた重要リスクの共有と事故防止のための強化の２つが主となる。この２つは特定ドライバーに限ったことではなく、企業内のすべてのドライバーに徹底されなければならない。このうえで、ドライバー毎の事故や危険、安全運転度の評価を用いて指導することとなる。

　ドラレコ導入企業の実態では、事故や危険の発生後に、管理者から当事者のドライバーへ、逐次、状況の確認と再発防止の指導がなされ、月に1度程度を目安に、営業所全体で期間分の事故や危険の共有と再発防止の指導が行われることが多い。これがドラレコ安全教育をよく行っている企業の実態である。しかし、前にも述べたように、こうした教育の実践は事故や危険の後に行う事後教育と再発防止をセットにしたもので、事故やドラレコデータの分析を踏まえた事前教育と予防をセットとしたものとは言えない。

　ドラレコ安全教育では、まず全体を対象とした重要リスクの共有とそれらを防止するための予防の強化を先行させて行わなければならない。これがすべての教育のベースとなり、その後の全体教育や個別教育の内容を決めるからである。具体的には重要リスクをベースとして教育しているので、ドライバーにはリスクを逐次的ではなく体系的に理解させることができる。そのうえで、重要リスクを防止できていたのかどうか、または新たなリスクへの対応が必要なのかを見極めて次の安全教育の内容を決めればよい。

　大事なことは、教育の対象を全体をベースとして個別教育を加える形式を取ることである。全体対象を先行させることで、ドライバーへ危険への準備状態を作ることができる。これは漠然と事故や危険を起こしてはいけないというメッセージではなく、具体的に事故や危険が起きやすい重要リスクの環境下での実践すべき行動をオーダーしておくということである。これこそが事後の再発防止ではなく、事前の予防を中心とした教育の姿勢そのものであり重要である。

3 頻度

　ドラレコ安全教育は共有と強化の２つの内容が必要である。共有は都度発生した事故や危険を扱うため、一定期間毎に設定することは自然の流れとなる。一方でもう１つの強化にあたるものは、重要リスクの交通環境下での安全行動の徹底になるため、本来は繰り返し教育が必要である。なぜならば、強化の教育目標は知ることではなく、常に実践することだからである。たとえば、前出のように、信号無交差点の自車優先時の進入方法の場合で言えば、大きな加速を控えること自体は理解できることだが、様々な業務環境や自身のコンディションもあるなかで、常に実践することが難しいものである。

　教育の頻度は一定期間毎の共有タイミングに合わせるのではなく、強化すべき行動目標が常に実践できる状態を作ることに合わせる必要がある。いわば、行動習慣を作るためのものであり、同じことを繰り返し教育しなければならない。目安としては、毎月１回以上と考えたい。企業の業務では、営業目標や実践すべき内容を月単位で設定し、それらに必要なタスクを週単位で設定することが多い。この企業活動の特性に合わせて、安全行動で常に実践すべき目標も月単位で確認し、各ドライバーが週単位でその達成状況を振り返るような状況を作れるとよいだろう。安全行動の実践は、あくまで業務の内容であり、企業の業務品質そのものであり、一般的な企業の業務管理に合わせれば、最低でも月単位での教育を前提とすべきである。

安全教育における企業の役割

　企業の業務活動中の運転は、企業の業務品質そのものであり、本文で述べたことである。これを前提とすると、企業の安全教育は、安全運転が常にできていることが目的となり、自ずと企業の役割は広がる。しかし、業務活動中の運転は、主にドライバー責任であると考えてしまうと、その安全教育はドライバー責任の重さや具体的な制裁に関する周知が主となりやすい。その際の企業の役割はドライバー責任の重さを理解させることに留まるだろう。

　裏を返して言えば、事前の予防を中心に具体的な行動の強化を実践していないとすれば、企業は業務中の運転は業務品質と捉えていないと考えてよいだろう。本書で再三にわたり述べている事前の予防教育の必要性は、本来は安全教育の専門領域からではなく、企業経営の前提から問われるべきなのである。

　コンプライアンスの観点だけを取れば事故時の責任はドライバーに集中している。懲役刑などの刑事責任、運転免許への行政処分はドライバーに課せられる。一般的には事故時の民事的責任の賠償金の負担が企業に向けられることに留まる。企業はこのために損害保険に加入していることが多く、解決までのサポートも保険会社から得ることができる。しかし、実際の事故の被害者や社会の眼は、ドライバー当事者と同じくらい、場合によってはそれ以上に企業に厳しく向けられている。企業はコンプライアンスの観点だけではなく、社会のなかで企業活動をするうえでの行動規範を持たなければならない。この際に業務運転中の交通事故防止は必ず入れ込まなければならない。交通事故は加害者も被害者も人命に係るからである。人命に係ることは、あらゆるものに対して優先されなければならないのである。

4 時間

　事前の予防が中心であること、具体的な行動の強化であること、毎月1回以上の教育機会があることを前提とすれば、1回あたりの教育時間は短時間でよい。最短では15分程度から実施できるだろう。内容は月単位での事故や危険の共有と、強化すべき行動の実践度合いを表す映像を提示し、改めて行動実践の強化をすればよいからである。このなかで行動の実践度合いを表す映像というのは、次の4つのいずれかにあたるものを扱えばよいだろう。①～④までは重要リスクに関するもので、前回と今回の間で発生したものを対象とする。

①事故
②危険
③行動実践ができていた映像
④周囲の危険

　上記①～④に網羅性は求めなくてよい。ここでいう網羅性とは、すべてのドライバーのすべての危険を検索したものということであるが、これを精度高く求める必要はない。なぜならば、行動目標を設定している以上、すべてのドライバーは安全行動を実践していなければならない前提に立てるからである。したがって、全運行を検索し運転状況をチェックするのではなく、ドライバー、運転期間ともに任意に設定し、実践すべきことができているかをチェックすればよいのである。このような考え方をベースに、管理者がランダムにサンプルチェックした映像を活用してもよいし、ドライバーから申告のあったものを使ってもよい。このように考えることにより、教育をするための準備時間を大幅に短縮できるし、教育そのものも実践すべき内容の振返りを中心に短時間で行うことができるだろう。

5 報告

　まず、望ましい教育の分業を述べる。ドラレコ安全教育の2本柱となる共有と強化の分業である。共有は全社ベースのものが必要であり、これに必要な準備は本社が担うことが妥当である。実施方法としては、本社が毎回共有すべき映像を社内イントラなどへ掲載をしておくことでよい。各営業所の管理者は掲載された映像によりドライバーへの共有を行い、そのうえで、前項の4つの映像のいずれかを使い強化を行えばよい。これらを前後半に分けて行うとよいだろう。このような分

業を行えた場合は、各営業所から実施内容を本社へ報告させる必要がある。教育すべき内容に営業所間でズレや漏れがないかを確認する必要があるからである。この際、重要なことは、ズレはある程度許容し、漏れをなくすリードをすることである。端的に言えば、重要リスクを強化していれば、その他の内容を加える分には構わないということである。実際には営業所で特有のリスクを抱えていることもよくあり、むしろ、この点の引き出しを本社が行うことは重要である。

　また、上記のような分業ができない場合は、共有と強化の両方の準備を本社で担うことである。共有すべきものと、強化すべきものの映像の両方を準備することである。この際にも網羅性を求めない。ただ、企業内に体制の項で述べたリーディング機能があるかどうかは準備するために重要である。たとえば、企業の総務部門が中心となり、教育内容の準備をするにしても、総務部門は現場を持たないため、直接的に映像を集めることはできない。そこで、予め強化営業所などと位置づけ、取組みを強化する営業所を全社ベースで選定をしておくと映像を集めやすい。また、強化営業所の選定や任命は経営層を巻き込み、当該営業所が実践のインセンティブを持ちやすくする工夫も心掛けたいことである。このような体制の場合は、総務部門が強化営業所からデータを集め、各営業所で実施した内容を報告させることがよいだろう。

　最後に報告すべき内容をまとめる。必要な項目を以下の14項目として表6-1にまとめた。

表6-1　報告すべき項目

No	報告すべき項目
1	日時
2	時間
3	場所
4	講師
5	参加者名簿
6	欠席者名簿
7	共有映像（活用した映像の交通環境別のパターン名）
8	強化映像（同上）
9	上記7、8以外の映像（同上）
10	講師所感（とくに重視したこと）
11	参加者の様子（意見、質問、受講態度）
12	次回までの課題（ドライバーの運転上で必要に応じて）
13	次回までの課題（講師の教育実施上で必要に応じて）
14	本社部門への要望（教育実施上で必要に応じて）

　前記の報告内容で重要なポイントは２つある。１つは教育内容その
ものをパターン名でわかるようにしていることである。一般的に、報
告は教育内容を書くのが面倒で、しかも内容に統一性がなく、管理者
の主観が入りやすいものである。事故や危険のパターン分類をしてい
ることにより教育内容の明確化につながり、さらに報告も簡単に済ま
せることができる。もう１つは名簿の作成である。通常は参加者のみ
を記載しているものが多い。場合によっては人数のみを記載している
こともある。しかし、大事なことは、教育を受けることは全ドライバ
ーにとって必須であるということである。したがって、参加者に照準
を合わせるのではなく、欠席者に注目しなければならない。欠席が続
くようであれば、管理者が改めて個別の対応をすることで、教育その
ものの重要性を営業所内に周知することができるだろう。よくあるこ
ととして、欠席者はいつも同じ者ということがある。こうした状況を
看過してしまうと、企業の安全教育はやがて形骸化してしまう。個別
対応をなるべく早めに行う必要があるだろう。

6 フォロー

　ドラレコ安全教育は教育機会そのものだけが重要というわけではな
い。むしろ、前回と今回、今回と次回の合間のフォローも教育であり
重要である。全体教育後のフォローは個別対応と考えられやすい。こ
のことは間違いないが、個別対応の対象者を期間中に事故や危険を起
こした者とすることが多い。これは事後対応である。つまり、全体教
育を事前の予防として行ったとしても、フォローの個別教育では事後
の再発防止に戻してしまうということである。もちろん、実際に事故
や危険を起こした者への事後の再発防止教育は必要であるが、これ以
前にフォローでも事前の予防の貫徹をする必要がある。
　全体が予防、個別が再発防止となるのは、全体教育後のドライバー
のパフォーマンスチェックが十分に行われていないからである。全体
教育後は重要リスクへの運転状況をチェックしなければならない。こ
れは事故や危険を起こした者に行うのではなく、ドライバーと運転期
間を任意に設定した定期的なサンプルチェックである。多くの企業は
この段階で挫折してしまう。管理者がチェックする手間と時間がない
からである。サンプルによりパフォーマンスチェックする場合は、ド
ライバー全員、全運行に拘らないことはもちろんだが、管理者１人で

データチェックをすることにも拘らず、グループ制やペア制などを取り入れて複数のメンバーでチェックを行うことも検討するとよい。その種類と概要は次のようになる。

① グループ制
・規模は営業所内を10名以内のグループに分ける。
・データチェックの対象は、グループメンバーの1週間分のデータから任意の運転期間30分～60分程度の運転・映像データとする。
・方法は、1つのグループを2つに分け、週毎にチェック側、被チェック側を任命する。翌週は役割を入替える。
　チェック側・被チェック側の両方の重要リスクへの安全運転タスクを使い、運転チェックを行い、その結果を管理者へ提出する。管理者は実践度や到達度が一定以下のドライバーには個別教育を行う。
・注意点は、週毎のチェック、被チェックの入替えは効率的である反面、チェック側になった際は、自身の運転チェックはされない前提となるので注意が必要である。一方で、グループ制はグループ間の比較もしやすく、一定期間を設けて競わせることも可能であり安全運転への動機づけがしやすい。

② ペア制
・規模は営業所内のドライバーをペアに分ける。
・データチェックの対象はペアとなったドライバーの1週間分のデータから任意の運転期間30分～60分程度の運転・映像データとする。
・方法は、ペア毎に分け、週毎にチェック側、被チェック側を任命する。翌週は役割を入替える。チェック側・被チェック側の両方がチェックシート（重要リスクへの安全運転タスク）を使い、運転チェックを行い、その結果を管理者へ提出する。管理者は実践度や到達度が一定以下のドライバーには個別教育を行う。
・注意点は、グループ制と同様に、チェック側、被チェック側の入替えは効率的である反面、チェック側になった際は、自身の運転チェックはされない前提となるので注意が必要である。また、ペア間のチェックはペア間で完結してしまい第三者のチェックが入りにくいため、ペア替えなどを一定期間毎に行う必要がある。

③ 指導ドライバー制

・規模は営業所内に指導ドライバーを任命する、データチェックは指導ドライバーが行う。1人当たりの指導ドライバーのチェック人数は1週間に3人程度までとする。

・データチェック対象となったドライバーの1週間分のデータから任意の運転期間30分〜60分程度の運転・映像データとする。

・方法は任命された指導ドライバーが、毎週3人までのドライバーの運転チェックを行う。

・注意点は指導ドライバーのチェックは管理者が行うこと。また、指導ドライバーのデータチェック負担が大きくなりやすいため注意が必要である。一方で、1人の指導ドライバーが数人の固定したドライバーをチェックするので、運転の変化やドライバー特性を掴みやすい。また、指導ドライバーもリーダー役となり動機づけされやすい。プロドライバー向けによく使われる。

④ ランダム制

・規模は、基本的に管理者がデータチェックを行う。

・データチェックは同上である。

・方法は管理者が、毎週に3人までのドライバーの運転チェックを行う。3人のドライバーの選定はランダムを基本とするが、輪番制としてもよい。ランダムはくじなどを使うことでもよい。

・注意点はドライバーの選定を輪番制とすると、データチェックを受けたドライバーは、その後しばらくチェックがないことになるので注意が必要である。また、管理者のデータチェック負担が大きくなる可能性があるので、チェック人数を減らすことも検討してよい。

　フォローで大事なことは、期間内に自身の運転パフォーマンスをチェックされる可能性があることを営業所内に徹底させることである。事故や危険がなければチェックを受けないのではなく、いつでもチェックを受ける可能性があることをドライバーに認識してもらうことが重要である。チェックでは良い運転、悪い運転の両方をカバーして、チェックされるドライバーの共感を得やすくすることも重要である。また、このようなチェック環境を作ると、チェックを受けなかったが危険に遭ったとか、自ら安全運転をした内容などをドライバーが社内に共有したくなる動機づけにもつながる。

さらに、グループ制、ペア制などを取り入れると、ドライバーが他のドライバーの運転チェックを行う役割を担うことになる。このことは重要であり、自身では気づかないリスクや安全運転のコツなどを気づくきっかけになることが多くあるため、積極的に取り入れることを推奨したい。

　安全教育では、1人の管理者が教育や管理までも担うことが多いが、これは管理者の負担が大きく、ドライバーにとっても共感と気づきを得る機会が少なくなる可能性がある。また、1人の管理者が担うことで、ドライバーそれぞれへの理解が浅くなり配慮も不足しやすい。望ましい方法は、集合教育もフォローも管理者とドライバーで分担することである。とくに、ドラレコ安全教育におけるフォロー段階では、望ましいというよりは必要であろう。一方で、負担が重いからデータチェックを諦めてしまうと、教育の効果は半分以下になると考えてもよいだろう。事前の予防安全教育は「～しなければならない」という実践が主体なため、データチェックの機能は重要であることを最後に改めて述べておきたい。

7 改善

　前項までの内容を踏まえて、ドラレコ安全教育の計画、内容から体制、方法までを作ることができる。企業では、まず一定期間の実施を徹底することが必要である。期間はそれぞれの役割も含めて表6-2のように考える。

表6-2 安全教育の実施期間

行　程	期　間
開始前1か月	準備期間（取組み内容の周知、必要なものの配布）
取組み1　3か月	試行期間（予定内容に想定外のミスやトラブルへの対応）
取組み2　6か月	効果検証期間1（予定内容に対する実践度、成果などの確認、課題への改善に着手する）
取組み3　12か月	効果検証期間2（予定内容に対する実践度、成果などの確認、並びに、期間後半で行った改善への検証）

　まず、表6-2で示した取組み１の３か月の段階は、予定した計画、内容、体制、方法のそれぞれについて、実施前には想定していなかったミスが見つかった、あるいは現場でトラブルになったものへの修復をするためや対応するためにある。次に、取組み２の６か月から12か月の段階に出てくる改善とは、予定した計画、内容、体制、方法について、現行内容に課題があるため、内容そのものの改善を行うことである。取組み１の対応は現行内容そのものを変えず、現行内容を継続するための修復であり、取組み２の改善は現行内容そのものを変えて、現行課題に取組むことである。

　企業の実践状況を見ると、内容的には対応すれば済んだものだとしても、実際には取組み自体を取りやめてしまうことや、早くから改善として、内容を抜本的に変えてしまうことがある。たとえば、前項のデータチェックの場合で言えば、指導ドライバー制を予定したものの、指導ドライバーのデータチェック負担が大きいため、指導ドライバー制そのものを取組みからなくしてしまうことである。この場合で言えば、指導ドライバーのデータチェックの人数を少なくすればよいし、それでも厳しいようであれば、チェックの回数を減らすことで対応できるはずである。

　大事なことは２つある。改善や取りやめはすぐには行わないことである。取組み後６か月以降を目安として、それまでは予定した内容の大幅な変更をしないことである。次に、対応は取組み後３か月以内に終えることである。

　すぐに内容を大幅に変えることを簡単にしてしまうと、その後の社内施策の士気を上げるのが難しくなる。また、車内の安全施策に対して「ノーのサインを出せば安全活動は免れる」というムードを社内に漂わせる可能性もある。つまり経営も巻き込み、一度決めた対策は、客観的な課題の抽出をするまではある程度やり抜くことを前提とすべきだろう。また、客観的な課題が出そろうまでが６か月程度と考えてもよいだろう。とくに取組みの当初期間は共感よりも、主に業務量が増えることへの拒絶感が出やすいので注意が必要である。

働き方改革と安全教育

　「当社では働き方改革の一環で残業の抑制をしている。従来はドライバーに残業をしてもらい、安全教育をしていたが、今後は実施が難しい。安全教育の方法を集合形式などから通知や掲示、データのやりとりなどにしていきたい」。これは企業のトップから筆者が言われた実際のことばである。働き方改革は労働生産性を引き上げるために企業が取組むものである。内容は残業の抑制から勤務時間や場所の工夫など様々である。ここでは、企業が働き方改革に取組む際の安全教育の位置づけや在り方を述べておく。

　まず、企業活動の前提は社内、社外を問わず、関係者に害悪を及ぼさないことである。これに基づき、企業はコンプライアンスを徹底することはもちろんだが、さらに自社が社会に向けて具体的な行動規範を打ち立てることが求められる。さらに、働き方改革により労働生産性を引き上げ、自社の労働力確保と従業員の働きやすさの双方を実現させなければならない。企業のあるべき行動規範や働き方改革への取組みに共通するのが安全であることは言うまでもない。したがって、企業活動に従事する者、関係する者のすべてが安全を維持するための取組みは強化されなければならない。なかでも、交通安全対策はすべての従業員と関係者に関わる課題と考えなければならない。

　一方で、安全対策の取組みはより合理的に行い、より効率化させなければならないことも課題である。ドラレコの導入により、事故や危険の詳細がデジタル化されたデータで入手できるようになり、自社のリスクや課題がより明確に分かるようになってきた。さらに、安全教育の媒体も多様化されており、必ずしも集合教育だけを必須とする状況ではない。ドラレコデータの分析を合理的に行い、重要リスクとそれを防止する行動目標を打ち出すことができれば、社内の様々な媒体を活用して教育の展開をすることは望ましいことでもある。

　大事なことは、企業の安全対策を強化することと、それを合理的かつ効率的に実践するためには、ドラレコ導入は重要な役割を果たすということである。ただし、ドラレコ活用では、事故や危険運転の映像を共有するだけでは十分とは言えず、前出のように、合理的な分析と

重要リスクの洗い出しが強化のポイントになる。さらに、行動目標を立て、実践をサポートすることが安全対策を強化している状態と言える。

　もう1点、残業の扱いについてである。安全は企業活動の前提であり、交通事故対策はすべての従業員が交通参加者になりうる共通の課題であるので、安全教育は業務として取組む必要がある。一方で、すべての従業員が残業という手段を使って安全教育を受ける不自由さを取払う努力は企業側に必要である。デジタル化された映像データと重要リスクを示したテキストなどを作成し、社内イントラから従業員の都合に合わせて教育を受けることを認めてもよいだろう。しかし、教育内容やその後のフォローで行う運転チェックを変更したり減らすことは前提としない。

　以上が冒頭の経営者の言葉への筆者の答えであった。その後、この会社の経営者は、すでに導入していたドラレコの活用方法を詳細に検討し、分析やリスクの洗い出しを行い、その後は社内のイントラなどを活用して、主に就業時間中を活用して安全教育を継続している。その実態は、以前の集合教育を年に数回実施していた頃よりも強化されていると評価できるものであった。

8 取組み事例

　前項までで取組みの進め方を述べた。進め方ではそれぞれの項目でガイドラインとなるような内容を示した。実際の企業の取組みでは、それぞれの企業の事情を踏まえて様々なドラレコ安全教育の推進があるだろう。ここでは、実際にドラレコ安全教育を行い成果も上げている企業の事例を紹介する。進め方のガイドラインと合わせて、自社の取組みを検討する際の参考にしていただきたい。

　事例の内容は本章の冒頭でも述べたように、本書に先行してドラレコ安全教育の内容を示している「月刊自動車管理　企業のドラレコ活用最前線」のなかにある事例部分のポイントをまとめて紹介する。さらに、連載には掲載していない最新事例の2つを加えて内容をまとめる。まず、自動車管理の事例部分は次頁の「事例一覧」のようになる。内容は8社のドラレコ安全教育の事例を集めている。一覧では、事例のポイントになるタイトルを上に示し、企業内容と回数、号数、連載

各回のタイトルを下に示している。以降ではそれぞれの事例のポイントとなる内容をまとめる。詳細は、連載の全文を参考にしてもらいたい。

「連載 企業のドラレコ活用最前線」の事例一覧

① 全員参加型の教育環境づくり
＜タクシー会社の事例＞（4回分、2017年5月号〜8月号）
1 頭ごなしは逆効果
2 事故の真因究明法
3 ドライバー全体教育
4 事例から学ぶこと（まとめ）

② 教育の標準化への取組み
＜物流会社の事例＞（3回分、2017年9月号〜10月号）
1 教育体制の基礎
2 教育の課題
3 教育の本質

③ 接遇と運転チェックの両立
＜タクシー会社の事例＞（2回分、2017年12月号〜1月号）
1 活用の考え方
2 データチェックの方法

④ 業務品質チェックへの活用
＜物流会社の事例＞（2回分、2018年2月号〜3月号）
1 輸送品質チェックへの活用
2 日常安全教育へのドラレコ活用

⑤ 経営者がリードする安全教育の内容
＜物流会社の事例＞（2回分、2018年5月号〜6月号）
1 経営者自らが実践する安全教育（1）
2 経営者自らが実践する安全教育（2）

⑥ 社員自らがリードする安全教育の内容
＜白ナンバー社用車の事例＞（1回分、2018年7月号）
  社員自らが率先して実践する手作りの安全教育

⑦ 社内の運転見極め制度とチェック項目の作成」
＜白ナンバー社用車の事例＞（2回分、2018年8月号〜9月号）
1 安全最優先を活動で実践すること
2 チェックで重視することは何か

⑧ 専門業者によるデータチェックの活用
＜車両管理会社の事例＞（2回分、2018年12月号〜2019年1月号）
1 データ解析サポートの活用（1）
2 データ解析サポートの活用（2）

（1）全員参加型の教育環境づくり（タクシー会社の事例）

＜内容のポイント＞

・「ミス」や「エラー」は誰にでもあるという前提に立つこと。
・事故原因の真因を探ること。
・ドライバーからの情報収集を重視すること。

＜ポイントの解説＞

　事例の企業では、安全教育の原点をミスやエラーは誰にでもあることとしている。このことを経営者が企業内に徹底していることが特徴であった。このため、この企業では特定者教育をあまり行わず、可能な限り全体教育をベースに行うようにしている。

　次に、ドラレコデータの映像により事故の再現を行い、参加者全員で事故原因として想定されることを出し合う時間を設けていた。事故原因は直接的原因からドライバーの心理、体調まで含めた背景要因までをカバーし、それぞれの事故を、我が事のように考える習慣をつけていたこともポイントである。

　さらに、ドラレコにより収集する事故や危険データは、企業側だけではなくドライバーからの申告によるものも含めている。これは本書でも推進していることだが、元々は、この事例企業から取り入れたものである。また、その後、多くの企業にドラレコの安全教育への活用状況を取材したが、成果を出している、あるいは積極的に活用している企業の多くに、ドライバー申告によるデータ収集をしている共通点があった。

コンサルティングの現場から　安全教育の論点 15

発生確率と発生の可能性

　事例のように、ミスやエラーは誰にでもあるという考え方は当たり前のようだが、実際の企業ではこのような考え方に立った教育の運用をしていないことが多い。たとえば、ドライバーの安全度のランク付け、これにより安全度の低いドライバーへの個別教育のみを行うなどがある。このような教育を中心としている企業では、ミスやエラーを起こすドライバーは決まっている、あるいは、少なくともドライバー

間で起こす可能性には差があると考えているだろう。このように、発生確率で教育に差をつける考え方は、３つの意味で企業リスクを大きくする可能性があることを述べておきたい。

　まず、確率で考えることは、いつも当たるとは限らないということである。多くのドライバーが起こす事故は１回目であり、その後、さらに事故を繰り返すドライバーの方がずっと少ない。これまで事故がないドライバーでも、いつ事故につながるか分からないという前提を持つことは重要である。つまり、発生確率ではなく発生の可能性で教育機会を考えなければならないということである。

　次に、たとえば、ドラレコの安全運転度の評価が高く、その評価だけを重視し、評価の高いドライバーには教育を省略していて、そうしたドライバーが事故を起こしたとすれば、なかには「ドラレコの安全運転度はあてにならない」と思うドライバーが出るだろうし、それを重視する企業の安全教育に疑問を持つようになるかもしれない。

　さらに、教育を受けたドライバーが事故を繰り返すということもある。これはドライバー評価が低く、教育を繰り返し受けていたが、事故も繰り返してしまうということである。これにより、企業内では、「会社の安全教育は意味がないのでは・・・」と考えるドライバーが増える可能性があり、これもその後の安全教育への信頼性が下がり、教育時の士気が下がる可能性がある。

　事故は特定のドライバーに起きやすいという前提を持つことは、先に述べたような安全教育を継続する上での企業リスクを大きくすることに発展するおそれもあるので、事故は誰にでもあるという前提を固く持ち、それをドライバーに徹底させることは、安全教育を行う上で重要な手続きであると考えたい。

（２）教育の標準化への取組み（物流会社の事例）

<内容のポイント>

・全員参加型への工夫をすること。

・リスクの優先付けを行うこと。

・標準化を行い、営業所間の差をなくすこと。

<ポイントの解説>

　事例の企業は物流企業であり、ドラレコの導入も早く、安全教育への活用も一定以上にできていた。しかし、課題は営業所間、ドライバー間での取組みや運転内容の差が目立つことであった。このため、まずは全社で共通の安全運転目標を設定し、重要なリスクと目指すべき運転目標を明確にした。これは本書のなかでも多くの紙幅を割いて述べたことでもあり重要なポイントである。

　言い方を変えれば、同じ企業であるのに、営業所により危険運転の評価や重点の置き方が異なることはおかしいと考えなければならない。したがって、営業所共通で、自社の安全運転目標や危険運転の定義などを持つ必要がある。営業所間の差をなくすためには、営業所の管理者養成をすることばかりが言われるが、そもそも、このような共通の定義を持っていないこともよくあり注目すべきポイントである。

（３）接遇と運転チェックの両立（タクシー会社の事例）

<内容のポイント>

・もともと体系化された接遇チェックに運転チェックを加える。

・事故分析によるチェックポイントの洗い出しを行う。

・運転チェックも事前チェックの考え方を取り入れる。

<ポイントの解説>

　タクシー、バスといった旅客業界の一部では、ドライバーの乗客への接遇チェックのためにドラレコを活用している会社がある。事例のタクシー会社では、ドラレコにより接遇面をチェックする専任スタッフがおり、所属ドライバーを定期的にチェックしている。接遇面のチェック内容は体系化されており、そのチェック内容がそのまま目指すべきタクシードライバーの接遇内容となっている。ドライバーはチェック項目を頭の中に入れて、内容を意識しながら乗務することができる。しかし、運転面のチェックはほとんどしていなかった。この点は

ドラレコの運転データにより急操作を中心に事後のチェックをしていた。接遇は定期的にパフォーマンスチェックをして改善を予防的に実施しているが、運転面は事後にドラレコによりファクトチェックを繰り返し、必ずしも予防的な教育が徹底できていなかった。この事例の主旨は、この会社が接遇の質的向上を目指し導入していたドラレコチェックを運転チェックにも導入したことである。

　運転チェックについては、これまでの本書の内容と同様に、事故と危険をパターンに分け、重点リスクを選定し、それらに合わせた安全運転のための行動目標を設定し、主にそれを運転チェック内容とした。これにより接遇も運転も、ドラレコデータを活用して、定期的にドライバーのパフォーマンスを評価して、それぞれを予防的に教育することができたものである。

（4）業務品質チェックへの活用（物流会社の事例）
＜内容のポイント＞
・定期的な業務チェックを徹底している。
・本社・営業所の連携を強化している。
・ドラレコを活用した人材育成教育も行っている。

＜ポイントの解説＞
　物流会社の業務は、運転による走行、荷役による作業、荷主への対応の３つが主な業務となる。事例の企業では、これらすべてをドラレコにより定期的にモニタリングして、ドライバーの走行、作業、対応のパフォーマンスが一定以上にできているかをチェックしていた。しかも、それぞれのチェック項目も詳細に作成されていた。ドラレコを活用して、運転のみならず業務全般のチェックもしており、物流業務の品質の高レベルでの維持、向上の取組みを強化していた。チェック内容が多く、チェックするための負担も大きいため、本社と営業所が役割分担をしながら進めていることも特徴であった。さらに、本社には安全管理の専門部署があり、データの収集からチェック、実際の教育までをリードしていたが、営業所との連携もよく取れており、これからドラレコ活用を本格化しようとする企業では、物流企業のみならず参考になる事例である。さらに、チェック機会の設定なども無理なく無駄なくできている事例でもある。データチェックは、その回数やドライバー、期間の網羅性が重要なのではなく、打ち出している必

要な項目とそれを実践させようとする教育の徹底が重要であることを
改めて認識できるものである。

（5）経営者がリードする安全教育の内容（物流会社の事例）
＜内容のポイント＞
・課題を与え、ドライバーに考えさせること。
・対策を具体的に示すこと。
・ドライバーの自己評価を引き下げること。

＜ポイントの解説＞
　経営者が行うドライバー教育の例は少ない。事例の企業は物流会社
であり、経営者自らがドライバー教育を行い、ドラレコ映像を活用し
ていた。
　まず、事故や危険の映像を用いて、経営者自らがドライバーに問い
かけることから始めている。さらに、対策は次の行動に直結するよう
に具体的に示すことを徹底している。さらに、内容では荷卸しが難し
い環境など、あえて運転の難しい環境も提示して、ベテランドライバ
ーでも冷静に、基礎的な確認を確実に行い、慎重に取組む必要性を強
調している。経営者はドライバーがリスクを軽視するとか、自身の過
信があるときに事故は起きやすいと感じており、この感覚を教育に生
かすことを心掛けていた。とくにドライバーが過信せず、適正な自己
評価ができるように、経営者自らが安全教育の場面に立ち会うことを
心がけている。ドライバーがどのように自己評価をしているかは安全
運転に大きな影響を及ぼすことは間違いない。こうした観点を重視し
た安全教育は重要であり、多くの企業で共通しており取り込みの参考
にするとよいだろう。

（6）社員自らがリードする安全教育の内容（白ナンバー社用車の事例）
＜内容のポイント＞
・防衛運転20か条に合わせた映像収集を行う。
・危険の後追いではなくリスクの先取りを主とする。
・社内だけではなく社外・地域への共有を行う。

＜ポイントの解説＞
　事例では、企業内の安全運転を推進する担当者が、予め安全運転に

必要な内容を情報収集のなかで見つけ出し、その内容に合わせ、自社のドラレコ映像でそれぞれの項目に該当するものを抽出し、映像付きの１つのテキストを作り上げたものである。具体的にはトラック業界等で活用されている防衛運転20か条という安全運転の要素を参考にベースとして、それらを怠ると事故や危険になるということを、自社の映像データを丁寧にチェックし該当するものを組み合わせたものである。これを担当者が主体になって作り上げただけではなく、危険の共有は同じ地域の住民にも役立つと考え、映像テキストをＤＶＤにして地域にも配布をしていた。とくに、企業で経験した危険を同じ地域の住民にも共有するという取組みは重要な考え方であり、多くの企業で実践を検討してもらいたい内容である。

コンサルティングの現場から　安全教育の論点　16

安全教育の地域還元を行うこと

　企業の安全教育は企業内で完結することが大半であり、前提であると言ってもよいだろう。たとえば、自社工場の労災事故を防止するための安全教育であればそれでよい。社外の企業や住民に役立つ内容ではないし、自社の機密情報も多く含まれているからである。しかし、交通事故対策は別物と考える必要がある。もちろん、事故や危険に関わった当事者の個人情報などは開示できないが、同じ交通環境を自社のみならず、多くの企業や住民が利用する公共空間の情報は活用の幅が広いからである。

　企業活動をする地域には、自社のみならず、他の企業、学校、病院、自治体、高齢者施設などの様々な施設があり、それらに関係する人たちは皆が同じ交通環境を利用する交通参加者である。したがって、エリア内で発生した事故や危険の情報はなるべく多くの人が共有することで、多くの人の事故防止に役立つことになる。警察や自治体だけが地域の安全を考えるのではなく、地元の企業が率先して安全活動の共有を行うことは、今後の交通安全社会の創造に重要な役割を果たすことになるだろう。高齢化や人口減少などにより、交通安全を担う機能はどんどん縮小してゆくことが想定されるため、これを補う機能とし

て地元企業は注目されるからである。

　また、安全活動を地域と共有することは、情報だけではなく、教育することそのものもサポートしてもよい。たとえば地元の学校への安全授業を行うなども想定されるだろう。こうした取り組みを企業で行うことは、自社の人材育成にも繋がるし、さらに従業員が社会の安全に貢献しているという実感を持つこともできるし、自身の安全強化へのモチベーションアップにもなるだろう。

（7）社内の運転見極め制度とチェック項目の作成（白ナンバー社用車の事例）

＜内容のポイント＞
・安全第一の具体化を課題とする。
・社内の運転見極め制度を運用する。
・ドラレコを活用した運転チェックを導入する。

＜ポイントの解説＞
　安全第一は当然のことのように言われるが、事例企業では運転に関してはさらに具体化をして活動する必要があるという課題感を持っていた。安全は標語やスローガンだけで貫徹できるものではなく、具体的な行動の積み重ねによりできるものという認識は多くの企業にあるだろう。一方で、実際には標語やスローガンのみで済ませていることも多く、こうした課題感を持つことは重要である。

　そもそも事例の企業では新入社員の配属前には運転の見極めを行っており、見極めには具体的な運転項目が設定されており、新入社員は見極めに合格しなければ運転業務ができないとされていた。この点、多くの企業では、新入社員の配属前の教育を運転内容のチェックまでは行わず、教育内容の受講により終わらせている現状が多い。新入社員に対しては、事前に具体的な運転チェックの内容を示し、それぞれのチェックを行い、運転見極めを徹底して行うことは必要であり、実施していない企業の参考になる事例である。

　さらに事例では、運転見極めを新入社員のみならず、一般社員にも拡充し、その際にドラレコを活用していた。チェック内容も、新入社員向けのものを使うのではなく、事故やドラレコデータの分析を踏ま

え、自社のリスクに合ったものを作成した。このように、予め運転目標となるチェック内容をドライバーに示し、実践度や到達度のチェックをして教育を継続させることは、安全第一への具体的な活動として評価することができ予防教育のモデルとなる事例である。

（8）専門業者によるデータチェックの活用（車両管理会社の事例）
＜内容のポイント＞
・データ分析を専門業者に委託する。
・専門業者の多くの経験を吸収することができる。
・安全教育に時間を使うことができる

＜ポイントの解説＞
　事例は、ドラレコデータの分析を社外に委託するものである。ドラレコ導入企業のもっとも大きな負担は日常のデータ分析である。この負担を社内で抱えきれないことでデータ分析ができず、結果として日常的な安全教育ができない状況になりやすい。専門業者は車両管理全般をサポートする会社だが、ドラレコデータについても、詳細な分析をドライバー毎に行っている。専門業者への委託は自社の作業ロードを省くことができるだけではなく、自社にはない専門業者の危険の見方を学び、ノウハウを吸収することもできる。したがって、定常的にデータ分析をアウトソースするだけではなく、自社のなかに安全運転を推進する担当者を養成する際の人材育成にもなるだろう。また、データ分析とフィードバックを他社へ委託することで、それらのデータを用いた自社の安全教育を行う時間や要員を創出することにもつながるだろう。データ分析のアウトソースは、自社の人材育成や教育強化にもつなげることが可能なので、ドラレコ安全教育の推進を考える企業では導入の検討をしてもよいだろう。

　以上の8つの事例が連載で取り上げた内容であった。以降の2つは、連載では掲載していない事例を述べる。

（9）損保代理店との連携による安全教育
＜企業概要＞
○企業A
　古紙回収業を主業としており、車両台数は70台程度、営業所は11箇

所、車両の多くは古紙回収を行うためのパッカー車両である。ドラレコは全台に装着していて、安全教育への活用は事故の映像を全ドライバーに共有することは行っている。事故は構内事故が多いが、交差点での事故、一般道・直進時の追突事故も発生している。事故率は高く、発生率で20％を超えている。

○損保代理店Ｂ

　企業Ａの自動車保険を引受けしている代理店は専業代理店である。保険代理業を専業としており、他の業務を兼業していない。企業の自動車保険の引受けが多く、顧客の事故分析を通じて安全運転講習会や事故を起こしたドライバーへの再発防止へのアドバイスをよく行っている。以下、企業ＡをＡ、損保代理店ＢをＢと略記する。

＜事例の概要＞

　Ａがドラレコ導入後もなかなか事故が減らない現状をＢに伝え課題を共有し、その後、両者で役割分担をしてドラレコを活用した安全教育を本格化させたものである。

以下が取組みの流れである。

①　事故映像の全社共有は引き続きＡが行う

②　Ｂが過去３年分の事故分析を行い、Ａの事故傾向と重要リスクを明確化する。

③　②に基づき、重要リスクへの安全運転目標を両者で検討する。

④　②、③についての内容を全社の安全運転講習で共有し強化を打ち出す。

⑤　強化では、Ａの管理者による危険運転チェックと個別指導を定期的に行う。

⑥　四半期毎を目安として、ＢがＡのその後の事故状況やドラレコデータをサンプルチェックし、個別に教育強化が必要なドライバーを選定する。

⑦　⑥にＡの管理者の意見も加え、強化指導ドライバーを選定する。

⑧　実際の個別教育をＢが行う。

＜解説＞

　ドラレコ導入の多くで頭を悩ませる課題はデータ分析である。日常でドライバーのデータを分析する手間と時間をかけられないからである。これに対して本書では、一定期間を対象としたデータ分類を行い、

リスクマップを作り、重要リスクへの安全運転目標を設定し、その実践状況や到達度を定期的にサンプルチェックし教育を継続させる方法を示してきた。事例は重要リスクへの安全運転をチェックする役割の一部を損保代理店が担い個別教育も行うものである。社用車を扱う企業では、事故時の対応のために自賠責保険のみならず、任意の自動車保険に加入していることが大半で、主に損保会社を通じて加入している。つまり、多くの企業では損保会社と自動車保険の取引をしていることになる。したがって、企業がドラレコ安全教育を実践しようとする場合は、取引をしている損保会社へ相談をするとか、具体的な支援を受けられることを前提として押さえておきたい。

図6-3では、実際にBが行った事故分析の内容である。2年分の事故をパターンに分類し、どの交通環境での事故を防止すべきかが明確化されている。

図6-3 事故分析の内容

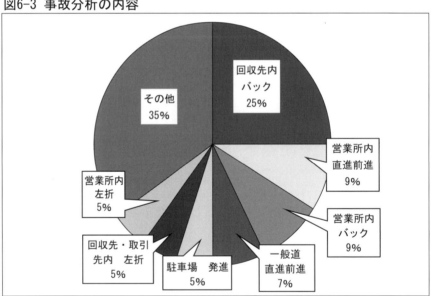

さらに、これを基にして図6-4では安全運転目標を反映した運転チェック項目を示している。チェック項目はAの管理者の意見も反映されており、Bが活用するだけではなくAも日常の運転チェックに活用している。この事例では安全教育のデザイン部分から、損保代理店を巻き込み、実際の教育のサポートも受けている。自動車保険を多く取扱う損保代理店は、事故対応から解決までの実務経験が豊富なため、事故後の当事者間の示談などではなく、よく起こる事故や必要な防止

図6-4 安全運転確認チェック表

安全運転確認チェック

____年 ____月 ____日

営業所	ドライバー名

状態	確認ポイント	○×
交差点・直進	非優先時、一時停止あり時、必ず一時停止をしているか	
交差点・直進	非優先時、一時停止の際は完全停止を2秒以上行っているか	
交差点・直進	優先時、見通しの悪い交差点は危険を意識した減速ができているか	
交差点・直進	歩行者保護運転は徹底できているか	
一般道・直進	適正な停止時の車間距離である	
一般道・直進	速度を順守している	
一般道・直進	「見えている危険」に対して素早く回避をしている	
一般道・直進	右折時は一旦停止し、歩行者優先の運転となっているか	
構内・バック	バックギアに入れる前に目視とミラーで前後左右の確認を必ず実施。最徐行しているか	
狭路・直進	速度を出しすぎない。すれ違う際は「譲る」姿勢ができているか	
施設出入り口	公道へ出る際、一旦停止しているか（歩道がある場合は歩道手前で一旦停止）	

総　評

　策に関する知見を多く持っている。企業からすれば、こうしたノウハウのある関係者を巻き込むことは、自社の安全教育の実践に大きなサポートになることがあるので頭のなかに入れておきたい。次頁のコラムでも述べるが、損保会社との連携は損保会社本体との連携をイメージしやすい。一方で、損保会社は汎用メニューの実践が多いため、そのなかに自社のリスクや業務事情を反映することは難しい場合もある。この点からも、自社の事故や業務事情に詳しい損保代理店の活用は意味があるだろう。

損保会社との連携の模索

　企業は社用車を所有する場合、その多くは損保会社を通じて自動車保険に加入しているが、共済などに加入することもある。ここでは主に損保会社を想定しているが、加入している企業は、一般的に安全教育に関するサービスを受けることができる前提とする。

　損保会社が提供している企業向けの安全教育に関するサービスは、その担い手により以下の3つに分けることができる。
（1）損保会社
（2）グループのリスクコンサルティング会社
（3）損保代理店

　一方で、提供するサービスの内容は担い手によらず、以下の7つの内容が多い。
（1）安全運転講習会の実施
（2）事故分析資料の提供
（3）教習所への実車教習の派遣
（4）運転適性検査の実施
（5）ドラレコ貸出し・データフィードバックの実施
（6）テレマティクスドラレコの活用サポートの実施
（7）ビデオなど視聴覚教材の貸出し

　一般的に多いのは、損保会社が無償あるいは交通費などの実費を徴収し、上記の各サービスの汎用型の内容を実施することである。その他にもリスクコンサルティング会社が上記サービスを顧客向けにカスタマイズして実施したり、あるいは上記以外の内容をコンサルティングとして行い、いずれも顧客には有償により提供するものがある。さらに、損保代理店でも上記サービスを実践することもあるが、全体のなかではまだ少ないと言える。

　安全教育を実践するうえで損保会社との連携は有効だが、以下の3つの注意点がある。
（1）デザイン機能としての活用も検討する
（2）汎用型教育が主なので内容をよく検討する
（3）教育の実践は担い手までをよく検討する

　よくある連携は、教育の実践を７つのサービスからメニュー建てで顧客が選び、主に汎用的な内容を損保会社で行うものである。この連携には課題がある。体制のところですでに述べたことだが、企業の安全教育の実践には、その前に必ずデザイン機能ともいうべき、自社リスクの分析と課題の抽出が不可欠である。この機能を飛ばし、メニュー建てで教育実践だけを先行させることは、自社リスクの内容と課題に対応できていない可能性が高く、結果として教育効果も望みにくい。

　効果的な連携は、企業と損保会社が安全教育のデザイン部分から連携することである。損保会社が持つ事故データ、企業が持つドラレコデータ、自社業務事情などを持ち寄り、安全教育上の課題を共有することが重要である。このときの損保会社のメンバーには、営業・損害の各担当社員と代理店も加わることがよい。損保社員は事故状況に詳しく、代理店は事故状況と企業の業務事情に精通しているからである。また、教育内容をある程度カスタマイズする必要がある場合も、デザイン部分で協議したメンバーにより、作成や実践を分担するのがよい。さらに、自社オリジナルの高度な内容を盛り込みたいときや抜本的に安全教育を見直したいときなどは、グループにあるリスクコンサルティング会社を入れて検討することがよい。損保会社の連携では、まだ様々な連携のポイントがあるが、ここではデザイン機能を飛ばしてメニュー建ての教育実践だけで連携することの課題について主に述べた。

（10）ドラレコ映像の企業間共有
＜事例の概要＞

　ここで示す内容は事例そのものではなく、今後、企業間で普及する可能性があるドラレコを活用した安全教育モデルである。

　たとえば、荷主を共通にする物流協力会社のグループなどを想定する。この場合は、各社がエリアの違いはあるものの、同じような車両を使い、同じような時間帯に、同じような業務を行っている。したがって、事故に遭うリスクにも共通要素が見出しやすく、必要な安全教育の内容にも共通のものが多い。このような状況下で、物流協力会社グループ共通の安全運転ガイドラインを作り、それを基に日常の安全教育を強化しようとするものである。実際には次のような手順により、協力会社全社分のデータ分析と収集を進める。

① 事故分析（既往1か年）
② 事故時のドラレコ映像データの収集（既往1か年）
③ 危険運転時のドラレコ映像データの収集（既往1か年）

　上記の①〜③のデータを収集し、第4章で示した手法により、交通環境別にデータの分類を行う。さらに、分類に基づきリスクマップを作成し、重要リスクを選定する。そのうえで重要リスクを防止するための安全運転ガイドラインを10程度に絞り込み徹底する。

　ここまでで重要リスクと安全運転のためのガイドラインができたわけだが、次に求められるのは内容の共有方法である。共有では、物流協力会社グループの企業が、いつでも、どこでも内容が入手でき、さらに、内容も一定期間毎に更新し、その内容もタイムリーにキャッチできるようにするために、ＷＥＢ上に専用サイトを作り展開をする。

　実際のＷＥＢ環境は次のようなものである。

　専用サイトには、安全教育のためのテキストとドラレコ映像を収容している。テキストには事故や危険の分析結果、リスクマップ、重要リスクの特定、安全運転ガイドラインを内容として入れている。さらに、テキスト内容を説明するために必要なドラレコ映像を収容している。これらを物流協力会社グループで共有し活用するというものである。

　専用サイトの仕組みは次のようになる。
① 各物流協力会社が自社のドラレコ映像のなかから安全教育に使用したいドラレコ映像を切り取り、幹事会社に提供する。
② 提供を受けた物流協力会社グループの幹事会社は、提供されたドラレコ映像を、専用サイトを制作し管理運営する運用事業者に提供する。
③ 運用事業者は、提供されたドラレコ映像をチェックし、個人情報に係る画面を消去するなどの加工をした上でサイトに貼りつける。
④ 専用サイトにアクセスするためのＩＤとパスワードが、運用事業者から幹事会社を経由して各物流協力会社に交付される。
⑤ 各物流協力会社は、交付されたＩＤとパスワードで専用サイトを開き、自社で使用したい映像をダウンロードし、安全教育に活用する。
⑥ 各物流協力会社において、新たなドラレコ映像が得られた場合は、その都度幹事会社に提供し、幹事会社は運用事業者に提供して、専用サイトに新たなドラレコ映像を追加する。

　このような共有により、より多くの映像が蓄積され、様々な場面を利用することが可能になる。また、映像に準拠した管理者用及びドライバー用の解説テキスト（事故やヒヤリハットの場面の状況図や、その場面のリスク評価やリスク対策等）を作成し、それを同時にダウンロードすることもできる。つまり、運用の仕方によっては、従来とは異なる安全教育が可能になるということである。

＜解説＞

　同業種、同エリア、同業務のいずれかでもあれば、その企業間の交通事故に関するリスクは共通のものが多いはずである。企業の安全教育は企業内完結が原則である。これは交通事故に限らない。しかし、内容は同じようなことが求められるので、内容から使用するデータまでをお互いに融通できる状態が望ましい。事例では、専用サイトを専門業者が構築し、そのプラットフォームを活用して、データを入れ込み、共有対象の企業がいつでもどこでも何度でも活用できるようにしているものである。専用サイトを構築するための一定費用は見込まなければならないが、一度プラットフォームを作ってしまえば、内容の更新や共有の幅などは自由に設定することができる。このため、企業間で内容作成を分担することもできるし、データ収集負担も１社あたりは少なくて済むようになる。この方法は今後、企業間の安全教育を必要とする業務を中心に普及する可能性があると考えられる。また、内容の共有は企業間に留まらず、エリアを共有していれば施設や学校なども共有の対象に入れてよいだろう。企業側がプラットフォームと内容を作り、それらを企業間のみならず、エリア内の社会還元にも活用できれば、企業の社会貢献事業としても十分評価することができるだろう。多くの企業で導入の検討しておきたいモデルである。

自社映像の不足を補うこと

　事故多発企業は事故発生率が20％を超える状況を１つの基準としている。発生率は企業の保有台数を事故件数で除したものである。特定の損保会社の調べでは企業の事故発生率の平均は対人事故で１％、対物事故で６％程度であり、その他事故は企業により差が大きく、全体事故の平均では10〜15％程度ではないかと推測される。これを踏まえると、事故が多いという企業は平均を大きく上回る20％以上の企業と考えるのが妥当である。また、事故の内訳では駐車場構内のバック事故など軽微な接触事故が30％以上を占めることが多い。このように考えると、保有台数が100台で事故発生率が20％の企業を想定しても、軽微な接触事故以外の事故は年間でも15件にも満たないことになる。

　ドラレコ安全教育を実践する際にはまず自社の事故映像を材料とする。上記の例では事故多発企業でも15件に満たない。毎月１回の教育をしたとしても、そこで扱う映像は１つ余りとなる。つまり、大半の企業では、自社の事故映像だけを扱い安全教育を行うには映像が足りないのである。したがって、多くの企業は事故だけではなく危険運転の映像も教育に使う。このことは重要である。本書でも、事故と危険の両方を扱うことを前提としてきた。また、それらを交通環境毎のパターン分けすることにより、危険の明細を頻度と重度で分類をすることができることも述べた。

　しかし、企業の教育現場では自社の事故映像が不足しているために教育の頻度が落ちることも少なくない。このように教育が不規則になり、結果として頻度が落ちることにより予防安全教育が実践しにくい状況になる。したがって、ドラレコ安全教育を実践する企業では、ドラレコ映像の調達ルートを確保しておくとよい。まずは自社の危険映像である。これは解析ソフトにより抽出可能なものと、ドライバーからの申告によるものとがある。ドライバー申告の場合は、ドライバー自らが経験した危険はもちろんだが、自身は当事者ではなくてもドラレコ映像として記録されている周囲の危険までを含む。さらに、前項の事例でも示したような企業間共有である。ただし、この場合の共有は企業リスクに共通要素がある企業間を想定している。同業者、同エ

リア、同業務のいずれかである。リスクにほとんど共通要素がない場合は、自社で目指すべき安全運転の内容が変わってしまう場合があるので注意をしたい。一方で、リスクに共通要素がある場合は、企業間で安全教育そのものを共有し、内容や事故防止強化期間などの取組みも合同で行うなどは効果的である。

　自社のデータだけでは足りないことは多くの企業に共通しているが、一歩踏み出して拡大する努力をすることにより、安全教育そのものがより実践的かつ効果的になることも認識しておきたい。この場合で言えば、ドライバー申告を加えることにより、管理者とドライバーの双方向での教育環境が作りやすくなる。また、企業間共有を加えることにより、企業間での比較や合同取組みなどができるようになり、双方の企業のモチベーションアップにつながることになる。

付録1 連載「企業のドラレコ活用最前線」・理論編

連載年月	連 載 内 容
2017. 4	ひと手間の価値
2018. 4	ドラレコ活用のためのチェックリスト
2018. 10	ドラレコ一部導入についての整理（1）
2018. 11	ドラレコ一部導入についての整理（2）
2019. 2	企業間共有のすすめ（1）
2019. 3	企業間共有のすすめ（2）
2019. 4	イベントチェックとサンプルチェック
2019. 5	ドラレコ安全教育　右折編
2019. 6	危険予測から安全習慣へ
2019. 7	ドラレコ安全教育　左折編
2019. 8	ドラレコ安全教育　直進時編
2019. 9	ドラレコ安全教育　信号なし交差点・直進時編
2019. 10	ドラレコ安全教育　駐車場・構内のバック時（1）
2019. 11	ドラレコ安全教育　駐車場・構内のバック時（2）
2019. 12	ドラレコ安全教育　歩行者保護運転（1）
2020. 1	ドラレコ安全教育　歩行者保護運転（2）
2020. 2	割込まれへの対応

付録2 連載「企業のドラレコ活用最前線」・事例編

連載年月	連 載 内 容
2017. 5	A社1　頭ごなしは逆効果
2017. 6	A社2　事故の真因究明法
2017. 7	A社3　ドライバー全体教育
2017. 8	A社4　A社から学ぶこと(まとめ)
2017. 9	B社1　教育体制の基礎
2017. 10	B社2　教育の課題
2017. 11	B社3　教育の本質
2017. 12	C社1　活用の考え方
2018. 1	C社2　データチェックの方法
2018. 2	D社1　輸送品質チェックへの活用
2018. 3	D社2　日常安全教育へのドラレコ活用
2018. 5	E社1　経営者自らが実践する安全教育（1）
2018. 6	E社2　経営者自らが実践する安全教育（2）
2018. 7	F社　　社員自らが率先して実践する手作りの安全教育
2018. 8	G社1　安全最優先を活動で実践すること
2018. 9	G社2　チェックで重視することは何か
2018. 12	H社1　データ解析サポートの活用（1）
2019. 1	H社2　データ解析サポートの活用（2）

付録3　第５章・俯瞰図１～１３一覧表

俯瞰図No	俯瞰図内容
俯瞰図 1	信号有・自車青信号時
俯瞰図 2	信号有・自車黄～赤信号時
俯瞰図 3	信号無・自車優先時
俯瞰図 4	信号有・自車非優先時
俯瞰図 5	一般道・直進時(前車への追突・含む発進時)
俯瞰図 6	一般道・直進時　車以外の飛出し
俯瞰図 7	一般道・直進時　相手過失型(割込み、前車の急変化)
	(1)　前方、進路変更禁止ゾーン有
	(2)　前方、低速車有
	(3)　前方、工事箇所あり
	(4)　前方、丁字路有
	(5)　前方、施設有
	(6)　前方、合流地点有
俯瞰図 8	信号有交差点・右折
俯瞰図 9	信号無交差点・右折
俯瞰図10	信号有交差点・左折
俯瞰図11	信号無交差点・左折
俯瞰図12	施設出入口・左折
俯瞰図13	駐車場、構内・バック時

付録のダウンロードの方法

○下記のＵＲＬよりダウンロードする。

　https://www.kigyo-kc.co.jp/handbook/furoku.zip

○下記のパスワードでダウンロードファイルを解凍する。

　「drec2020safety」

【留意事項】

※本ダウンロードサービスは、インターネット環境がない場合にはご利用できない。

※ダウンロードできる期間は無期限ではなく期間限定であり、一定期間経過後に、予告なく終了することとする。

※圧縮されたファイル（ZIPファイル）でのダウンロードとなり、ダウンロード後のデータの展開については、ファイルの解凍作業が必要で、ご使用のＯＳ（Windows10、MacOSXなど）にあわせた解凍アプリケーションをご用意いただき、解凍する。

※付録はPDF形式となり、閲覧には、PDFファイルの閲覧環境が必要となる。

※付録がダウンロードできないことを理由とした書籍の返品には応じられない。

　本書では、まず企業の交通安全教育はどうあるべきかを示して、その上で実際の安全教育にドラレコをどのように活用すべきかを具体的に示してきた。筆者はこの考え方の順番が重要であると思っている。ともすれば、まずはドラレコありきとなり、社用車に装着することでドライバーへ漠然とした事故に対する抑止意識を持たせ、事故や危険の映像を見せることで漠然とした安全意識を促し、事故時の責任や制裁を徹底するという安全教育になりやすい。これはドラレコを安全教育に活用しているものの、企業の安全教育そのものの課題を克服できていない。課題は事後から事前に予防教育を行うこと、企業リスクを洗い出し全体への安全運転目標を提示し徹底すること、ドライバーの安全運転目標への実践度や到達度を測定し指導を継続することである。これらの課題に対して、ドラレコは大きな役割を発揮する。企業内で発生した事故はもちろん、日常の危険までを詳細に映像により把握できることで企業リスクの洗い出しをより精度高く行うことができるし、加えて、ドライバーの安全運転の実践度や到達度の測定もより具体的かつ客観的に行うことができるからである。むしろ、これまでの課題を克服した安全教育を行うにはドラレコは不可欠であると考えてもよいのである。

　ドラレコは安全教育の課題を克服するためのデバイスである。しかし、ドラレコは安全教育を省力化させるためのものではない。本書でも、データ分類やデータチェックを行う方法を示し、重要な事故や危険の映像への教育方法を詳しく解説してきた。しかし、これらを企業内で実践することは時間と手間が必要である。ドラレコは装着するだけで事故が減ると考える企業には大きな負担と感じるはずである。この負担を軽減するために、網羅的なデータ処理を行わない、合理的な処理の考え方も示してきた。ドラレコはこれまで企業で知りえなかった多くの情報を収集できるものであり、だからこそ合理的なデータ処理や教育方法を真っ先に考えなければならず、本書はその課題に応えたものであると言ってもよいだろう。

　企業で行う安全教育は危険を知り安全運転を意識することをゴールにするのは十分ではない。危険を知り安全運転ができるまでをカバーする必要がある。企業活動中の社用車の運転は業務品質そのものだからである。これは事故時の責任といったコンプライアンスからではなく、企業活動中の前提となる行動規範の観点からである。安全運転を意識させるには年に数回の教育機会で良いが、安全運転ができるためには日常的な教育機会が必要である。しかも、安全運転の内容は長期の訓練によりできるものではない。基本の理解と技能で十分に実践できるものである。難しいのは安定的に継続させることである。教育の多くはここに時間と内容を割かれなければならない。「分かっていること」、「で

きること」をいつもできるようにする教育は難しい。ドライバー側に知的好奇心が湧きにくいからである。「分かっていること」、「できること」をいつもできるようにする教育には、ドライバーが本当に分かっているか、本当にできているかのデータが必要になる。このデータこそがドラレコにある映像と運転データである。運転はドラレコによりデジタルデータ化されるようになった。企業の安全教育もデジタル化に合わせた内容でなければならない。その内容は単に映像により漠然とした安全運転を意識させることではなく、分析により実践すべき安全運転を具体化して、それができているかどうかをデータによりチェックすることである。

　安全運転を安定的に継続させることは難しい。難しくしている要素の一つに確率がある。例えば、日頃、安全運転を意識せず、実践が不十分であっても事故にすぐつながるとは限らない。一方で、常に安全運転を意識していても、たまたま一度のミスにより事故になることもある。もちろん、中長期的に見れば、安全運転を意識しているドライバーとそうではないドライバーでは事故に遭う確率は自ずと差が出るはずだが、短期的には差が見えにくいものである。このため、ドライバー間に意識と実践の差が出やすいが、この差は教育前の状態である。つまり、企業が安全教育をしなければ、ドライバーが持つ意識と行動に委ねるしかない。企業はドライバーの意識と行動を具体的にリードする必要がある。このリードの際に、ドラレコの映像データと運転データは重要な役割を果たす。ドラレコがなければ事故や危険の経験はドライバー毎にまちまちになるが、ドラレコ映像の共有により経験値が一つになる。さらに、企業側から具体的な指導を繰り返すことにより、教育前の意識の差が小さくなり、安全運転量は大きくなることが期待できる。ドライバーの意識と行動は、これまでの危険体験と具体的に指導された量と考えても良いだろう。

　最後に、1社でも多くの企業の方に本書を手に取ってもらい、内容を1つでも多く実践していただき、企業の安全教育を安定的に継続し、事故防止の成果を実感してもらえたら幸いである。

北村憲康

著者プロフィール

北村 憲康（きたむら　のりやす）
東京海上日動リスクコンサルティング株式会社　主席研究員

企業・自治体向けに交通事故の防止、削減のコンサルティングに20年近く携わる。
内容では交通事故の分析、事故防止のためのヒューマンエラー対策、ドライブレコーダを活用した安全対策、高齢ドライバー、高齢歩行者の事故防止をテーマに研究、コンサルティングを行う。関連する著書・寄稿・連載多数。慶應義塾大学大学院システムデザイン・マネジメント研究科特任准教授。

ドラレコ安全教育ハンドブック

発　行　2020年9月20日　初版発行
著　者　北村　憲康
発行者　奥川　光寿
発行所　株式会社　企業開発センター　交通問題研究室
　　　　〒541-0052　大阪府大阪市中央区安土町1-8-6　大永ビル
　　　　電話 06-6264-1660　FAX 06-6264-1670
　　　　〒160-0004　東京都新宿区四谷4-32-8　YKBサニービル
　　　　電話 03-3341-4915　FAX 03-3351-5120

発売所　株式会社 星雲社
　　　　〒112-0005　東京都文京区水道1-3-30
　　　　　電話 03-3868-3275　FAX 03-3868-6588

印刷所　大村印刷

ISBN978-4-434-27940-9　C0016